thread

격차, 규제, 전쟁

판권

《스레드》는 북저널리즘이 만드는 종이 뉴스 잡지다.
북저널리즘은 2017년 서울에서 출판물로 시작해 디지털,
정기 구독, 커뮤니티, 오프라인으로 미디어 경험을 확장하고
있다. 《스레드》27호는 2024년 11월 5일 발행됐다.
표지 사진은 메타가 공개한 AR 안경 '오리온(Orion)'의
모습이다. 출처는 메타다. 이 책의 발행처는 주식회사
스리체어스(threechairs)이고, 등록 번호는 서울중,
라00778이다. 주소는 서울시 중구 퇴계로2길 9-3 B1,
이메일은 thread@bookjournalism.com, 웹사이트는
bookjournalism.com이다. 이 책에 수록된 글과 그림을
이용하려면 반드시 저작권자와 ㈜스리체어스의 동의를
받아야 한다.

《스레드》는 국제 정세, 기후 위기, 정책, 문화, 정치적 극단주의, 인공지능 등 지금 무슨 일이 일어나고 있는지에 대한 맥락을 해설합니다.

목차

들어가며

2024년이 시작될 무렵, 모두가 선거에 관해 이야기했다. 생성형 AI의 등장도 변수였다. 정치의 패러다임이, 일의 패러다임이 순식간에 뒤집힐 것이라는 예측이 쏟아졌다. 한 해의 마무리를 막 시작한 지금, 우리는 그 예측들이 어느 정도는 맞았으며, 어느 정도는 호들갑이었다는 것을 깨닫고 있다. 전 세계는 여느 때와 다름없이 선거를 치러 냈다. 예견된 변화도, 예상을 뒤집은 변화도 있었지만, 우리가 상상하지 못했던 일은 없었다. 우리의 상상을 뛰어넘는 일은 전장에서 벌어졌다. 세상에는 전쟁이 끝나지 않기를 원하는 사람이 정말 있었고, 필요 이상으로 길어진 전쟁에 예상치 못한 사건도 발생하고 있다. 《스레드》27호는 선거가 끝난 다음에도 잊지 말아야 할 이번 미국 대선의 주요 논의와 함께 중동에서 벌어지고 있는 전쟁이 어떤 비극을 만들어 내고 있는지를 담았다. 그리고 우리가 눈치채지 못하는 사이, AI가 우리 일의 패러다임을 어떻게 뒤집고 있는지도 올해 노벨 경제학상 수상자의 시각으로 분석했다. 2024년이 우리 생각대로 흘렀는지, 되돌아볼 수 있는 한 권으로 정리했다.

AI won't save us

우리는 지금 반세기마다 다가오는 완전히 새로운 변화를 목격하고 있다. 디지털 혁명보다 더 크고 더 강력한 혁명이 오고 있다. 바로 AI다. 디지털 대량 생산은 물질 대량 생산처럼 인간의 삶을 근본적으로 변화시킬 것이다. 'AI won't save us' 시리즈는 AI가 가져올 경제, 사회, 문화 변화의 징후를 포착한다.

AI가 일자리를 빼앗는다

2024년 노벨상은 AI를 주목했다. 노벨 물리학상과 화학상이
모두 AI 연구자들에게 돌아갔다. 경제학상을 수상한
연구자들은 시스템과 격차의 관계에 주목했지만, AI의
부상에도 깊은 관심을 가진 학자들이다. AI는 인간의 일을
돕는 존재일까, 뺏는 존재일까. 2024년 노벨 경제학상 공동
수상자 대런 아제모을루 교수는 낙관적이지만은 않은 미래를
이야기한다. 신아람이 썼다.

변화와 징후

• 변화: 틱톡과 이탈리아의 은행이 대규모 해고를 진행한다. AI의 도입에 따른 '자동화'를 통해 인력을 감축하는 공식적인 사례다.

• 징후: 2024년 노벨 경제학상 수상자들은 시스템이 불평등을 만들 수 있다고 이야기한다. AI는 강력한 시스템이다.

2024 노벨경제학상 공동 수상자 대런 아제모올루 교수는 AI의 잠재력을 인정하지만, 생산성에 관해 낙관적이지는 않다. 오히려 격차의 심화에 AI가 기여할 수 있다고 우려한다. 출처: Nobel Prize

AI의 도입으로 일자리가 사라진다

틱톡(Tiktok)이 전 세계 직원 수백 명을 해고했다. 현지 시각
지난 10월 9일 통지 이메일이 발송됐다. AI의 도입으로 사람
손이 예전보다 덜 필요해졌기 때문이다. 해고가 진행되는
분야는 콘텐츠 검수 쪽이다. 지금까지는 AI와 사람의 검수가
동시에 이루어졌다. 이제 AI의 비중이 늘어나면서 필요한
인원이 줄어들었다. 말레이시아 지사가 가장 큰 영향을
받았다. 500여 명이 감원 바람에 휘말렸다. 틱톡은 다음 달
더 큰 규모의 구조 조정을 계획하고 있다. 이제 시작이라는
얘기다.

이탈리아의 BPER 은행도 2000여 명의 직원을 해고한다.
2030년까지 순차적으로 진행한다. 생성형 AI 기반의
'자동화'를 통해 인력을 감축하겠다는 것이다. 금융권에서는
이미 AI 도입을 통한 인력 감축 계획이 실행 초기 단계다.
스위스에 본사를 둔 UBS 그룹도 인수 합병 제안을 위해
30만 개 이상의 기업 데이터베이스를 30분 이내에 분석할
수 있는 AI 도구를 개발했다. 도이치뱅크는 부유층 고객
포트폴리오 검토 업무에 AI를 사용한다. ING 그룹은 잠재적
채무 불이행자를 선별하는 작업을 AI에 맡겼다. BPER 은행의

해고 발표는 예고된 수순이었다. 금융권에서 AI가 일자리를 빼앗았다는 소식은 앞으로 더 자주 들려올 것이다.

먼 이야기가 아니다. KB 국민은행은 지난해 말 콜센터 협력업체를 6곳에서 4곳으로 줄이면서 콜센터 구조 조정을 단행했다. 240명의 일자리였다. 결과적으로 신규 협력업체 2곳에서 이들을 고용하며 사태는 일단락되었지만, 근본적인 문제가 해결된 것은 아니다. 해고 위기에 몰렸던 이들은 AI의 본격적인 도입을 위해 '그림자 노동'을 해왔다고 주장한다. 업무가 끝난 후 한 시간씩 남아 챗봇이 제대로 알아듣지 못한 부분을 일일이 수정하거나, 전화 상담 내용을 토씨 하나 틀리지 않게 타이핑해야 했다. 그들의 노동은 AI를 학습하는 데에 투입되었고, 그 결과 그들의 일자리가 사라졌다.

노벨 경제학상 수상자는 비관론을 이야기한다

이 현상을 어떻게 설명해야 할까. 분명 AI는 인간의 생산성을 폭발적으로 향상시켜 부의 증대로 안내해야 할 혁명적인 기술이다. 그러한 희망이 있기 때문에 엄청난 돈이 몰리고, 세계에서 가장 영리한 사람들이 뛰어드는 것 아닌가. 그러나 2024년 노벨경제학상을 수상한 학자들의 생각은 다르다. 콜센터에서 벌어진 일, 틱톡과 BPER에서 벌어진 일은 이미 예견되었다. 다론 아제모을루(Daron Acemoglu) 미국 매사추세츠 공대(MIT) 교수는 지난 6월 발행된 골드만삭스의 보고서에서 AI로 인한 생산성 향상에 관해 비관적인 전망을 내놓았다. 아제모을루 교수는 향후 10년간 AI로 인한 미국 경제 성장을 다음과 같이 예측했다.

• 생산성 향상: 0.5퍼센트 (골드만삭스 예측 9퍼센트)
• GDP 성장: 누적 0.9퍼센트 (골드만삭스 예측 6.1퍼센트)

예측값이 너무 짠 것 아닌가 싶지만, 근거가 있다. 아제모을루 교수는 AI 기술이 실제로 인간의 업무를 얼마나 자동화할 수 있는지를 계산했다. 이미지 인식 (컴퓨터 비전) 분야에 한정했을 때, 이 기술에 영향을 받는 작업의 4분의 1 정도가 10년 안에 자동화될 수 있을 것이라는 결론이 나왔다. 비용 대비 효율이 나오는 자동화 얘기다. 이는 전체 작업의 약 4.6퍼센트에 해당한다. 이를 선행 연구 결과에 대입하여 추정한 결과가 GDP 누적 0.9퍼센트 성장이라는 소박한 숫자다.

하지만 주목해야 할 것은 숫자의 크기가 아니라 차이다.

생산성 향상이 GDP 성장과 비교하면 절반 수준이다. 이는 AI 기술이 주로 '자동화'에 사용되고 있기 때문이다. 알고리즘과 자본이 인간의 노동력을 대체하는 방식이다. 이를 위해서는 투자가 이루어져야 한다. 따라서 생산성 향상 폭에 비해 GDP 성장 폭이 더 커진다.

AI는 당신의 임금을 깎아버린다

구체적으로 AI가 인간의 일자리를 대체하는 방식은 어떻게 될까. 아제모을루 교수는 2024년 3월 발표한 논문 〈간단한 AI 거시경제학(The Simple Macroeconomics of AI)〉을 통해 AI 시대의 경제 정책을 제안했다. 양질의 새로운 일자리를 만들고, 인간과의 협업을 증진하는 방향으로 AI 기술 발전이 이루어져야 한다는 것이 결론이다. AI는 저숙련 노동자의 생산성을 향상시키지만, 불평등은 감소하지 않을 것이며 오히려 심화할 수 있기 때문이다.

우리의 일은 크게 두 가지로 분류된다. '누구나 할 수 있는 일'과 '누군가만 할 수 있는 일'이다. 논문에서는 이를 '배우기 쉬운 작업(easy-to-learn tasks)'과 '배우기 어려운 작업(hard-to-learn tasks)'으로 각각 지칭했다. 쉬운 일과 어려운 일이다. 쉬운 일에 AI가 도입되어 서숙련 노동자의 생산성이 올라간다면, 쉬운 일은 더 쉬운 일이 된다. 작업의 가치가 하락한다. 쉬운 일을 함께 하고 있던 중숙련, 고숙련 노동자는 어려운 일 쪽으로 투입된다. 결과적으로 쉬운 일과 어려운 일 사이의 임금 격차는 더 벌어진다.

쉬운 일, 어려운 일에 모두 AI가 균등하게 도입된다면 노동 소득과 자본 소득 간의 격차가 확대된다. AI로 인해 자본의 투자 수익률이 더욱 높아지기 때문이다. AI는 자본 집약적 기술이다. 발전하면 할수록, AI는 기업의 수익성을 높이는 방향으로 작동할 가능성이 크다. 즉, 자본 소득이 증가한다. 반면, AI가 작업을 '자동화'하는 방향으로 작동한다면, 사람의 역할은 축소되고 임금 인상이 억제될 가능성이 크다. 고용 기회가 줄어들고 임금 하락으로 이어질 수 있다. 노동 소득이 감소한다.

사유

80살 어르신이 인터넷 뱅킹을 할 수 있도록 한 시간 동안 도와드렸던 경험을 반추하며, 콜센터 노동자는 이런 일을 AI가 할 수 있을 리가 없다고 이야기한다. 하지만 기업

입장에서 그런 일을 굳이 사람이 시간을 들여 해야 하는 일이
아니다. 한 시간 분량의 설명이 필요한 고객에게는 AI 챗봇이
비용 대비 훨씬 더 효율적이기 때문이다. 우리 중 누군가는
지금 하는 일을 언젠가 멈추게 될 수도 있다. 새로운 기술은 늘
그런 사건을 만들어 왔다.

벤처 사업가인 비노드 코슬라는 AI가 앞으로 10년 안에
모든 일자리의 80퍼센트를 대체하는 것이, 기술적으로는
가능하다고 밝힌 바 있다. 그렇다면 인류는 어떻게 살아야
하나. 코슬라는 보편적 기본소득을 그 해법으로 제시한다.
흘러넘치는 부를 고루 나누면 부의 불평등을 완화할 수
있다는 논리다. 그러나 올해 노벨경제학상 수상자의 생각은
다르다. 아제모을루 교수와 함께 《권력과 진보》를 함께
쓴 사이먼 존슨(Simon Johnson) MIT 교수는 AI로 인해
사라지는 만큼 양질의 일자리가 충분히 만들어져야 한다고
강조한다. 많은 사람은 일하기를 원하며, 기본소득론은
'패배주의'라는 것이다. '자동화'가 아닌 '인간과의 협업'을
위한 AI 기술 개발이 필요하다는 아제모을루 교수의 생각과
맞닿는 지점이다. 우리는 어떤 AI를 바라나.

중국에도 AI가 있다

우리는 생성형 AI에 관해 이야기할 때 실리콘밸리를
떠올린다. 엔비디아의 주가와 오픈AI의 새로운 서비스만이
전부인 양 생각한다. 그러나 미국의 정반대편에도 AI를
연구하는 학자와 관련 산업을 일으키는 기업인이 있다.
중국이 대표적이다. 미국 정부의 견제에도 중국은 독자적인
노선을 확립하고 생성형 AI 시대를 만들어 가고 있다.
신아람이 썼다.

변화와 징후

• 변화: 중국 당국이 자국 기업들에 엔비디아의 AI 칩을
사용하지 말 것을 '권고'했다.

• 징후: 우리는 AI의 미래를 실리콘밸리에서 읽어 내고자
한다. 그러나 그 미래는 만리장성 너머에서도 움트고 있다.

중국의 AI 굴기는 이제 시작이다. 화웨이를 비롯한 반도체 기업들은
독자적인 반도체 기술 개발에 몰두해 왔다. 중국은 반도체 자급자족의
첫발을 이미 내딛었다. 출처: dbdesign labs

H20 금지령

전 세계가 중국산 티셔츠를 입던 시절이 있었다. 브랜드는

달라도 상품의 국적은 같았다. 풍요의 상징, 'MADE IN CHINA.' 세계의 공장은 멈추지 않았다. 중국의 값싼 노동력이 전 세계의 물가를 끌어내렸다. 하지만 이미 지난 일이다. 세계 경제의 생산량을 끌어올렸던 중국은 이제 미국의 가장 큰 위협이다. 군사적으로도, 정치적으로도, 경제적으로도 그렇다. 미국인들은 중국의 이커머스 업체, '테무'와 '쉬인'에서 쇼핑한다. 낡은 페이스북을 떠나 틱톡에서 새로운 트렌드를 만들어 낸다. 이미 중국은 미국을 잠식하고 있다. 하지만 미국은 경쟁자를 용인하지 않는다. 1980년대에서 1990년대까지, 일본의 반도체 산업을 무너뜨렸던 것처럼 말이다. 지금, 미국은 거의 모든 분야에서 중국을 견제하고 있다. 미국과 중국은 보이지 않는 전쟁 중이다.

AI 분야에서도 마찬가지다. 미국은 중국을 미래의 기술로부터 고립시키고자 한다. 현실적인 이유도 충분하다. 지난 2022년 8월 이후 미국 상무부는 중국 군대의 사용 가능성을 이유로 첨단 AI 반도체의 대중국 수출을 금지했다. 이제 중국이 아무리 돈을 싸 들고 줄을 서도 AI 연구 및 개발을 위한 엔비디아의 H100 GPU는 살 수 없다. 그래서 개발된 것이 H20 칩이다. H100을 기본으로 설계했으며, 성능을 5분의 1 수준으로 낮췄다. 물론, 중국의 연구자들에게는 성에 차지

않는 성능이다. 중국이 엔비디아의 첨단 AI 칩을 '어둠의
경로'를 통해 밀수하고 있는 이유다.

그런데 중국이 H20 불매 운동에 나섰다. 중국 규제 당국이
H20 GPU를 구입하지 말 것을 '권고'하는 '창구 지침'을 하달한
것이다. 창구 지침은 일종의 가이드라인이다. 법적 강제력은
없다. 하지만 중국에서 기업 활동을 하면서 공산당의 심기를
거스를 수는 없는 노릇이다. 강제력 없는 권고 사항이지만,
강제력이 있다고 봐도 무방하다. 당장 엔비디아에는 타격이
불가피하다. 엔비디아는 올해 중국에서 100만 대가 넘는 H20
칩을 공급할 예정이었다. 120억 달러의 매출 규모다. 다만,
더 큰 일 난 것은 중국의 AI 연구자들, 빅테크 기업들이다.
실리콘밸리는 질주하는데 중국만 고립되어 AI 경쟁에서
뒤처질 수는 없는 노릇이다. 중국 당국도 상황은 알고 있다.
그런데 그나마 가뭄의 단비라도 되었을 엔비디아의 H20 칩을
금지했다. 믿는 구석이 있기 때문이다.

苦盡甘來

미국의 대중국 반도체 제제가 시작된 이후, 중국은 차근차근
반도체 공급망을 내재화하고 있다. 내년까지 반도체 자급률

70퍼센트를 달성하는 것이 목표다. 중국 당국은 천문학적인 보조금도 쏟아붓고 있다. 3440억 위안 규모의 투자 기금을 추가로 조성하기도 했다. 우리 돈으로 약 64조 원에 달하는 금액이다. 돈을 쓴 만큼 결실도 보았다. 미국의 제재를 직접적으로 받는 화웨이가 엔비디아의 H100과 견줄 수 있는 성능의 AI 칩, '어센트 910C'를 개발한 것이다. 틱톡의 모기업인 바이트댄스, 검색 엔진 대기업 바이두, 국영 통신사인 차이나 모바일 등이 어센트 910C 구매를 위한 논의를 진행 중이다. 어센트 910C의 공급 시점은 빠르면 10월로 예상됐다. 중국 당국이 H20 칩의 불매를 권고한 시점과 겹친다.

중국 AI 반도체 스타트업들에도 좋은 기회다. 특히, 중국 과학원(CAS) 출신의 천재 형제가 설립한 캄브리콘 테크놀로지스사를 주목할 만하다. 자체 개발한 AI 칩을 화웨이나 알리바바의 스마트폰, 클라우드 서버 등에 공급하며 주목받았지만, 2022년 미국의 대중국 반도체 제재와 함께 부침을 겪었다. 그 결과 2023년에는 대규모 해고 사태까지 겪었다. 하지만 중국 당국의 엔비디아 칩 불매 권고 직후 캄브리콘 테크놀로지스사의 주가는 가격 제한폭인 20퍼센트까지 폭등했다. 중국 당국은 창구 지침에서 H20

대신 화웨이와 캄브리콘 테크놀로지스 등의 제품을 더 사용할 것을 직접적으로 권고했다.

물론, 어센트 910C가 엔비디아의 H100과 견줄 만한 성능이라는 것은 화웨이 측의 주장이다. 실제 제품이 풀리고, 성능 테스트를 해봐야 실제 수치를 알 수 있다. 캄브리콘 테크놀로지스 또한 아직은 신생 기업에 불과하다. 하지만, 미국의 제재를 받으며 성능이 좋지도 않은 칩을 수입해야 하는 상황을 감내할 이유는 사라졌다고, 적어도 H20을 수입해 와야 할 이유는 사라졌다고 추측할 수 있다. 미국의 반도체 제재는 중국을 고립시키지 못했다. 오히려 중국이 독자적인 반도체 기술을 키워야 할 계기를 만들어 줬다.

우리는 모르는 중국의 오픈AI

중국은 반도체 기술만 키우고 있는 것이 아니다. AI 모델 자체의 효율화도 꾀하고 있다. 실리콘밸리의 빅테크들이 돈가방을 들고 엔비디아 앞에 줄을 서는 동안, 중국은 제한된 컴퓨팅 파워로도 더 나은 성능, 더 나은 결과물을 낼 수 있는 방법을 찾기 위해 몰두한다. 알리바바와 샤오미의 지원을 받는 AI 유니콘 스타트업, '01.AI'가 대표적인 사례다. 01.AI의

실립사 카이푸 리는 대만 출신으로 마이크로소프트와 구글 차이나 사장을 역임했다. 경영자의 시각을 갖춘 만큼 AI 개발에서도 실용적인 노선을 선택했다. 생성형 AI 모델을 개발하는 데에 집중하는 대부분은 AI 스타트업과는 달리, 실용적인 AI 서비스를 함께 만드는 전략이다. 그 결과가 지난 5월 런칭한, 자칭 'MS Office의 AI-First 버전'인 'Wanzhi'이다. 중국이 AI 경쟁에서 미국을 따라잡으려면 '연구'가 아니라 '실용'에 전략을 맞춰야 한다는 것이 카이푸 리의 주장이다.

오픈소스 LLM 분야에서 주목받고 있는 중국의 AI 스타트업 'DeepSeek'은 최고의 효율로 최적의 성능을 내는 데에 집중하고 있다. 오픈소스 모델 DeepSeek-V2는 MoE (Mixture-of-Experts) 아키텍처를 사용한다. 다양한 문제에 맞춰 개발된 여러 개의 '전문가 모듈'을 사용해 적은 매개 변수를 사용해 결과를 낼 수 있도록 했다. 또, MLA (Multi-Head Latent Attention) 구조를 통해 입력 데이터를 압축해 추론 속도를 높였다. DeepSeek의 AI 모델은 품질 대비 비용 경쟁력에서 최상위권을 기록하고 있다.

더 창의적인 방법으로 효율을 추구하기도 한다. 최고의 칩으로 데이터센터를 구축할 수 없으니, 여러 개의 데이터센터를 연결해 하나의 생성형 AI 모델을 구축할 수 있도록 하는 기술을 개발한 것이다. 심지어 다양한 브랜드의 GPU를 하나의 학습 클러스터로 결합할 수도 있다. 이미 바이두도 저성능 중국산 GPU를 여러 개 결합하여 엔비디아 칩과 같은 성능을 끌어내 독자적인 LLM을 훈련하고 있다. 과학의 상상력은 국경과 세관을 쉽사리 뛰어넘는다.

사유

중국은 지난 2017년 '중국 제조 2025'라는 이름의 산업 고도화 전략을 발표했다. 그 전략안에 AI에 대한 막대한 지원이 이미 약속되어 있었다. 당시 중국의 차세대 AI 개발 계획에 따르면, 2030년 중국은 미국을 제치고 전 세계 AI 리더에 오르게 된다. 캄브리콘 테크놀로지스 등이 그러한 목표하에 성장하고 기술을 차곡차곡 쌓아 온 기업이다. 중국의 전략은 현실화하고 있다. 미국의 견제에도, 영어로 세계를 읽고 듣는 우리는 알아채지도 못하는 사이에 중국의 AI 수준은 하드웨어와 소프트웨어에서 각각 유의미한 성과를 내고 있다. 전 세계에서 활동 중인 1500여 개의 AI 기업 중 750여 개가 중국에 기반을 두고 있다. 생성형 AI 업계의 판을 읽는 우리의 시각은 너무 서구화되어 있는지도 모른다.

안경 너머의 진실

오픈AI의 챗GPT가 챗봇의 형태로 공개되고 얼마 지나지
않아 'AI 에이전트'라는 이름의 기기들이 쏟아져 나왔다.
생성형 AI를 우리 일상으로 끌어들이겠다는 포부를 갖고
있었다. 화려하게 등장한 스타트업들은 속속 투자를 받고,
CES 2024에서 이목도 끌었지만, 그뿐이었다. 완성된 제품을
받아 든 사람들은 부족한 완성도에 혹평을 내놨다. 그런데
이번에는 메타가 새로운 기기를 내놨다. 본 적 있는 모양새다.
스마트 글라스와 닮은 모양, 그러나 기능은 미래를 향한
안경이다. 메타는 제2의 '아이폰 모멘트'를 준비하고 있다.
신아람이 썼다.

변화와 징후

• 변화: 메타가 9월 25일 연례 개발자 콘퍼런스 '커넥트 2024'를 열고 AR 디바이스, '오라이온(orion)'을 발표했다.

• 징후: 가상 세계를 지배하는 메타는 생성형 AI 시대의 주도권을 잡고자 한다. AI를 활용한 정보를 현실에 덧입혀 보여 주는 오라이온이 그 시작이다.

메타의 CEO 마크 저커버그가 메타 커넥트 2024에서 AI 기술과 AR/VR 기기를 발표했다. 가장 주목받은 것은 개발 중인 '오라이온(orion)'이다.
출처: CNET

메타의 AI

2023년 3월 1일, 메타의 마크 저커버그 CEO는 본인의
페이스북을 통해 메타도 AI 경쟁에 참여한다고 선언했다.
많은 사람들이 코웃음을 쳤다. 저커버그가 명석한 CEO임은
분명하지만, 당시까지 AI 관련된 그 무엇도 출시한 적이
없었기 때문이다. 게다가 메타는 궁지에 몰려 있는
상황이었다. 회사 이름까지 변경하며 메타버스에 사운을
걸었지만, 코로나19 바이러스와 함께 메타버스에 대한 관심과
열기는 사라졌다. 팬데믹이 끝난 이후 미국 연준이 기준
금리 인상을 시작하면서 기술주 하락장도 시작됐다. 바닥을
친 줄 알았더니 지하실도 있었다. 애플의 광고 정책 변화로
페이스북을 중심으로 한 광고 수입이 급감한 것이다. 결국
2022년 11월, 메타는 직원 1만 1000여 명을 정리 해고했다.
이런 상황에서 메타의 AI 선언이 허풍처럼 들렸던 것은
당연한 일이다. 하지만 우리 생각보다 꽤 일찍, 저커버그는
AI에 대한 투자를 시작했다. 2013년 'AI 4대 천황'으로
꼽히는 얀 르쿤이 페이스북으로 자리를 옮겼다. 페이스북이
자체 인공지능 연구소인 FAIR(Facebook AI Research)를
설립하면서 영입한 것이다. 저커버그 혼자 선구안을

가졌던 것은 아니다. 2012년, 이미지 인식 경연 대회인
이미지넷(ImageNet) 경연 대회에서 인간의 신경망을 본뜬
딥러닝이 대중에게 알려진다. 딥러닝이 미래임을 알아차린
실리콘밸리의 선구자들이 재빠르게 움직였다. 엔비디아의
젠슨 황, 테슬라의 일론 머스크, 구글을 창업한 래리
페이지까지. 마크 저커버그도 영민함으로 이들에게 밀리는
인물은 아니다. 저커버그는 시대를 목격했고, AI 개발은
당연히 그의 과제가 되었을 뿐이다.

지난 9월 25일, 메타의 연례 개발자 콘퍼런스 '메타 커넥트
2024'에서 과제 중간 평가에 해당하는 발표가 있었다. 메타는
라마(Llama) 3.2를 발표했다. 음성과 이미지도 인식하는
멀티모달 모델이다. 메타의 AI는 페이스북, 인스타그램
등 메타가 가진 플랫폼에 녹아들었다. 사진 속 신발이나
바지 색깔을 바꾸거나, 인플루언서를 똑 닮은 AI 아바타가
인플루언서 대신 저커버그와 대화를 나눈다. 레이벤과 협력해
내놓고 있는 스마트 안경, '레이벤 메타'를 쓰니 스페인어와
영어가 실시간으로 통역된다. 오픈AI는 GPT-3.5를 개발한
뒤, 어떻게 사용될지도 잘 알지 못한 채 챗봇의 형태로
대중에게 공개했다. 3에서 4로 완전한 업그레이드도 되기
이전, 3.5의 미완성 상태였다. 메타는 다르다. 가상 세계의

영토를 이미 보유하고 있는 업체다. AI를 어떻게 쓸지 알고
있었다는 얘기다.

메타의 디바이스

메타가 AI 시대에 이미 준비된 기업이라는 증거는 수익이다.
커넥트 행사에서 메타는 100만 명 이상의 광고주가 메타의
생성형 AI 도구를 사용하고 있으며, 지난 8월에는 1500만
개의 광고가 이를 통해 만들어졌다고 밝혔다. 광고 효과도
유의미했다. 생성형 AI로 만든 광고가 클릭률은 11퍼센트,
전환율은 7.6퍼센트 더 높았다는 것이다. 물론 메타의
주장이다. 하지만, 이 주장이 사실이라면, 적어도 메타는
AI로 돈을 버는 기업이다. 지금 AI 업계의 가장 큰 고민에
대한 답을, 메타는 이미 갖고 있다는 얘기다. 하지만 AI보다
더 눈길을 사로잡은 것이 있었다. 행사장에서, 그리고 커넥트
행사와 함께 각종 IT 매체, 인플루언서 등을 통해 공개된
메타의 AR 디바이스, '오라이온(orion)'이야말로 이번 행사의
주인공이었다.
오라이온은 쉽게 말해 현재까지 선보인 AI 에이전트 기기 중
가장 진보한 형태다. 안경을 쓰면 렌즈를 통해 세상을 보게

된다. 오라이온도 마찬가지로 렌즈 너머의 세상이 온전히 보인다. 그런데 그 세상 위에 내게 필요한 정보가 덧입혀진다. 식탁 위에 놓인 식재료를 보면 이를 활용한 레시피가 뜬다. 외국어의 번역도 현실 위에 덧입힌 형태로 볼 수 있다. 문자 메시지나 화상 통화, 동영상 감상 등은 너무나 기본적인 기능일 뿐이다. 그걸 현실 세계에 투영해 볼 수 있다는 점이 무궁무진한 가능성이다. 아직은 투박한 모양이지만 착용한 채 길을 걸어도 전혀 부끄럽거나 어색하지 않을 정도의 뿔테 안경이다.

그런데 '글라스'라고 칭하지 않고 '디바이스'로 소개하는 이유가 있다. 손목 밴드와 소형 무선 컴퓨터 장치까지 함께 세트로 갖춰야 온전히 작동한다. 공개된 영상을 보면, 입력은 손목 밴드와 안경이 받는다. 사용자가 동전을 튀기는듯한 손동작을 하거나 손가락을 맞부딪치는 등의 동작을 손목 밴드를 통해 감지한다. 안경은 사용자와 함께 외부의 소리와 영상을 동시에 인식한다. 사용자의 눈 동작으로 스크롤 등의 기능도 수행한다. 마치 이마를 찡그리며 고민에 잠기듯, 눈으로 거리의 간판을 훑으며 길을 찾듯, 오라이온은 사람의 작은 손동작, 눈짓에 따라 함께 생각한다.

메타의 세계

오라이온 데모 영상을 보면 자연스럽게 애플의 비전 프로가
떠오른다. 2023년 6월, WWDC에서 관련 내용이 공개되자
기대는 치솟았다. 애플이 다시 한번 미래를 보여줄 것이라는
기대였다. 올해 초 실제 제품을 받아 사용한 사람들은 분명
미래를 봤다. 그런데 그 미래는 일상이 될 수 없는 것이었다.
너무 무겁고, 어디 쓰고 다니기엔 부적합했다. 아이폰과는
달랐다. 한번 손에 쥐면 365일 24시간 절대 손에서 놓을 수
없는 기계가 아니었다는 얘기다. 하지만 오라이온은 다르다.
365일, 24시간 함께할 수 있다. 포스트 스마트폰이 될 수 있는
가능성을 충분히 갖고 있다.

애플은 아이폰을 통해 어떤 정보든 필요할 때 검색해 사용할
수 있는 시대, 누구와도 연결되어 모든 것을 공유할 수 있는
시대를 열었다. 그 시대의 물결에 올라타 소셜 미디어라는
온라인 세계를 일궈 낸 기업이 바로 메타다. 현실 세계에는
수많은 권력자와 갑부가 존재한다. 하지만 온라인에는
페이스북과 인스타그램이라는 세상이 존재한다. 메타는
그 세상의 영향력을 키우고자 한다. 현실 세계와 더 많이
혼합하고자 한다. 메타의 미래가 메타버스인 이유다. 대단한

성공을 거두지 못하는 메타 퀘스트, 대중화에 실패한 레이벤 스마트 글래스 등을 꾸준히 출시하는 것도 같은 맥락에서 이해할 수 있다.

메타가 오픈소스 AI와 오라이온의 성공적인 결합을 보여준다면, 아이폰 다음 시대의 주인공이 될 수 있다. 삶의 방식을 바꿀 것이다. 여행지에서 주변을 둘러보는 것만으로도 압도적인 양의 정보가 쏟아져 들어오는, 그런 삶이 시작된다. 그 차이를 경험하면 아무리 비싼 값을 치르고라도 디바이스를 계속해서 구입할 수밖에 없다. 아이폰처럼 말이다. 입거나 쓸 수 있는 컴퓨터를, 특히 AI의 기능을 충분히 활용할 수 있는 기기를 먼저 개발하고자 하는 경쟁이 계속되고 있는 까닭이다. 메타는 가상의 세계를 건설하기 위해 쌓아온 상상력으로 현실 가능성이 충분한 미래를 내놓았다. 이제 스마트폰, 그다음의 세계가 조금씩 보이기 시작한다.

사유

영화 〈레디 플레이어 원〉은 시대를 앞서 메타버스가 일상이 된 디스토피아를 그렸다. 빈민가의 소년도 메타버스 세계에서는 절대 강자로 살 수 있다. 현실과 가상의 경계에서 대다수가 가상의 세계로 도피한다. 물론, 현실이 늘 영화처럼 작동하지는 않는다. 그러나 가상의 이미지와 소리가 언제든 현실에 덧입혀질 수 있다면, 완벽하지 않은 풍경에 필터를 덧씌워 행 복을 가장할 수 있다면, 인간은 쉬이 유혹당할지도 모른다. 오라이온이 보여 준 것과 같은 AR 안경은 2027년 출시될 전망이다. 영화의 상상은 종종, 현실이 된다.

The Great Game

'The Great Game' 시리즈는 정치와 국제 관계, 힘의 문제를 다룬다. 정치 이슈는 정치 현장에만 있는 것이 아니다. 국내, 국제 정치 현안과 더불어 힘의 문제에 주목한다. 누가 권력을 가지고 있는지, 그 권력을 이용해 무엇을 하려고 하는지에 관심을 기울인다. 무거운 주제를 캐주얼한 문장으로 풀어낸다.

해리스와 트럼프의 기후 입장

카멀라 해리스냐, 도널드 트럼프냐. 오는 11월 미국 대선에서 누가 당선되느냐에 따라 미국 국내 기후 정책은 물론이고 전 세계의 기후 대응 속도가 달라진다. 해리스와 트럼프의 기후 행동 입장을 살펴본다. 이연대가 썼다.

허리케인 헐린

9월 말 미국 남동부에 허리케인 헐린이 상륙했습니다. 최소 225명이 사망하고 2500억 달러의 피해를 남겼습니다. 2005년 카트리나 이후 가장 많은 사상자를 낸 허리케인이었습니다. 9월 30일 공화당 대선 후보 도널드 트럼프 전 대통령은 피해가 컸던 노스캐롤라이나주를 찾았습니다. 트럼프는 바이든 행정부가 연방재난관리청(FEMA) 예산을 불법 이민자 지원에 사용하는 바람에 재난 대응에 쓸 돈이 없다고 비판했습니다. 바이든 정부는 "완전한 거짓"이라고 반박했죠. 같은 날 민주당 대선 후보인 카멀라 해리스 부통령은 경합주 네바다 유세 일정을 취소하고 워싱턴에 복귀했습니다. FEMA를 방문해 피해 상황에 대한 브리핑을 받았습니다. 이틀 뒤에는 바이든 대통령과 함께 조지아주의 피해 현장을 찾아 연방 정부 차원의 복구 지원을 약속했습니다. 바이든은 "아무도 더 이상 기후 위기의 영향을 부정할 수 없을 것"이라며 그래도 부정한다면 "그들은 뇌사 상태"라고 했습니다.

허리케인 헐린이 기후 대응을 대선 이슈로 끌어올리고 있습니다. 허리케인이 미국 남동부를 휩쓸고 지나간 10월

1일, 미국 부통령 후보의 TV 토론에서도 허리케인과 기후 변화가 주요 이슈가 됐습니다. 공화당의 JD 밴스와 민주당의 팀 월즈는 기후 대응에 대한 질문을 받았죠. 두 후보 모두 이번 허리케인은 비극이라며 연방 정부의 강력한 대응이 필요하다고 답했습니다. 다만 밴스는 허리케인을 기후 변화와 연관 짓지는 않았습니다.

월즈는 "농부들은 기후 변화가 현실이라는 걸 알고 있다"며 "허리케인 헐린은 최근 몇 년간 더 빈번해진 극심한 기상 현상의 증거"라고 했습니다. 그는 "누구도 본 적 없는 현상이 더 빠르고 강력하게 현장에 나타났다"고 했죠. 실제로 기후 과학자들은 허리케인과 기후 변화 사이에 연관성이 있다고 말합니다. 기후 변화로 허리케인이 과거보다 더 빨리 몸집을 불리고, 강우량도 더 늘었다는 겁니다.

허리케인 헐린은 9월 말 플로리다 해안에 상륙해 미국 남동부에 151조 리터의 비를 쏟아부었습니다. 올림픽 규격 수영장 6000만 개를 채울 수 있는 양입니다. 막대한 수치라 감이 잘 안 오실 텐데요, 이 비가 노스캐롤라이나에만 집중됐다면 주 전체가 1미터 넘게 잠길 정도였습니다. 노스캐롤라이나의 면적은 남한 면적의 1.4배입니다. 멕시코만의 온도가 상승해 더 많은 수분이 증발했고, 늘어난

수분을 흡수한 허리케인이 미국 남동부를 강타한 것으로
분석됩니다.

기후 대선

카멀라 해리스냐, 도널드 트럼프냐. 오는 11월 미국 대선에서
누가 당선되느냐에 따라 미국 국내 기후 정책은 물론이고 전
세계의 기후 대응 속도가 달라집니다.

미국은 전 세계에서 이산화탄소를 중국에 이어 두 번째로
많이 배출하는 나라입니다. 산업화 이후 현재까지 누적
배출량으로 따지면 압도적인 1위입니다. 전 세계 누적
배출량의 4분의 1이 미국에서 나왔습니다. 그래서 국제
사회는 미국이 배출량에 걸맞은 책임을 다하기를 요구하고
있습니다. 미국을 포함한 선진국이 기후 변화 대응
이니셔티브를 주도하고, 개발 도상국에 대응 재원을 지원해야
한다는 것입니다.

그러나 탄소는 눈에 보이지 않습니다. 손에 잡히질 않으니
정치인도 유권자도 큰 관심을 두지 않습니다. 이번 미국 대선
캠페인에서도 기후 문제는 전면에 등장하지 못했습니다. 셰일
가스 시추를 허용할지 말지가 이슈가 되고 있지만, 이마저도

사실 기후 논쟁이라기보다 일자리 논쟁에 가깝습니다.

이렇듯 기후 의제는 중요성에 비해 덜 다뤄지거나 피상적으로 다뤄졌는데, 허리케인 헐린으로 기후 문제가 대선 이슈로 부상하고 있습니다. 그런데 선거는 코앞인데, 두 후보의 기후 정책은 제대로 공개된 게 없습니다. 지난 9월 10일 대통령 후보 TV 토론에서 사회자는 해리스와 트럼프에게 만약 대통령에 당선된다면 기후 변화에 맞서기 위해 무엇을 할 것인지 물었습니다. 해리스가 트럼프보다 기후 정책에 있어 더 적극적이긴 하지만, 당시 두 후보 모두 질문에 구체적으로 답하지 않았습니다.

해리스는 자신이 바이든 행정부에서 부통령으로 일하면서 인플레이션 감축법(IRA)을 통과시켜 청정 에너지 투자가 확대됐고 동시에 석유 생산도 촉진해 재고가 기록적 수준에 도달했다는 모호한 발언을 했습니다. 친환경 유권자의 표도 얻고 싶고, 셰일 산업에 종사하는 유권자의 표도 얻고 싶은 거였죠. 해리스는 바이든 행정부의 업적을 강조하면서도 자신이 대통령이 되면 기후 변화에 대처하기 위해 구체적으로 뭘 하겠다고는 말하지 않았습니다.

트럼프는 아예 다른 답을 했습니다. 바이든-해리스 행정부에서 제조업 일자리가 줄었다고 비판하고, 자신은

외국산 자동차에 관세를 부과하겠다고 했죠. 또 트럼프는 해리스가 대통령이 되면 미국이 "풍차와 태양열로 돌아가고, 화석 연료는 죽음을 맞을 것"이라고 했습니다. 그러면서 "나는 태양열의 열렬한 팬"이라며 앞뒤가 맞지 않는 말을 하기도 했습니다.

산불, 허리케인 같은 극심한 기상 현상으로 미국 전역에서 광범위한 피해가 발생하고 있지만, 대선 후보들은 구체적인 재해 대응책을 내놓지 않고 있습니다. 미국에서 기후 재난은 일상이 됐습니다. 대표적인 예가 주택 보험료입니다. 미국 집주인들은 90퍼센트 이상이 주택 보험에 가입합니다. 주택 보험료는 평균 2000달러 수준인데, 지난해 보험료가 평균 11퍼센트 올랐습니다. 플로리다 같은 지역은 보험료가 5년간 40퍼센트가 올랐습니다.

주택 수리에 들어가는 인건비와 자재비가 오른 탓도 있지만, 주요 원인은 산불과 허리케인이 더 자주 더 강하게 발생하기 때문입니다. 《뉴욕타임스》에 따르면 지난해 미국 플로리다주 주피터 지역에서 거래된 주택 100채 중 30채는 집주인이 치솟는 주택 보험료를 감당할 수 없어 내놓은 것으로 추정됩니다.

이상 기후로 보험료가 급등하고 있지만, 보험에 가입이라도 할 수 있으면 그나마 다행입니다. 대형 보험 회사들은 최근 플로리다, 캘리포니아 등에서 아예 철수하기도 합니다. 허리케인이 너무 자주 너무 강하게 발생해서, 피해 보상을 해주다 보니 수지가 맞지 않는 겁니다. 실제로 2022년에는 기상 재해가 자주 일어나 보험사 7곳이 파산하기도 했습니다. 매년 반복되는 폭염과 폭설과 폭풍과 폭우와 산불로 사람이 죽고 있습니다. 미국인 수백만 명에게 기후 변화의 피해는 이미 일상이 됐습니다. 그러나 양당 대선 후보는 이런 문제를 해결할 대책을 내놓지 않고 있습니다. 누가 대통령이 되든 차기 미국 대통령은 기후 재난을 일상적으로 맞게 될 겁니다. 미국 그리고 전 세계의 기후 대응 방향과 속도를 결정할 미국 대선, 해리스와 트럼프의 기후 행동 입장을 살펴봅니다.

Q1. 기후가 변화하고 있는가?

해리스는 기후 변화를 "실존적 위협"이라고 부릅니다. 2019년 민주당 대선 후보 경선에서 해리스는 향후 10년간 10조 달러를 투입해 기후 변화로 인한 최악의 영향을 막겠다고 했습니다. 2023년 유엔 기후 정상 회의에서는 세계 각국 지도자들에게 가뭄과 홍수와 허리케인과 산불과 해수면

상승을 언급하며 "시계가 더 이상 똑딱거리지 않고 알람이 울리고 있다"고 했죠. 해리스가 대통령이 된다면 바이든 행정부의 기후 정책을 이어 갈 것으로 보입니다.

트럼프는 기후 변화를 믿지 않습니다. 2018년 11월 미국 동북부에 이상 한파가 찾아오자 "이렇게 추운데 무슨 지구 온난화냐"라고 말했죠. 트럼프는 기후 변화가 인간에 의해 생긴다는 데 동의하지 않고, 아예 기후 변화라는 게 존재하기는 하는 건지 의심을 품습니다. 바이든 정부는 재생에너지와 전기차에 보조금을 지급하는 인플레이션 감축법을 시행했는데, 트럼프는 바이든이 "녹색 사기극"에 수조 달러를 썼다면서 재집권에 성공하면 이 법으로 생긴 규제와 지출을 대부분 철회하겠다고 공약했습니다.

Q2. 기후 변화로 자연재해가 심해지고 있는가?

해리스는 기후 변화가 "즉각적이고 시급한 현안"이라고 말합니다. 가뭄, 홍수, 산불, 허리케인이 더 자주 더 강하게 발생하는 상황에서 기후 변화에 맞서는 조치가 필요하다고 말합니다. 해리스는 2022년 켄터키주의 홍수, 캘리포니아주의 산불 등 자연재해에 10억 달러 이상의 연방

시원금을 시원한다고 발표했습니다. 해리스는 짧은 기간 동안 자연재해 빈도가 가속화됐다며 "과학은 명확하다. 극심한 날씨는 더 악화할 것이고, 기후 위기는 가속화할 것이다"고 말합니다.

트럼프는 기후 변화를 농담의 소재로 사용합니다. 지난 8월 일론 머스크와의 온라인 대담에서 지구 온난화로 해수면이 상승하면 해안가에 위치한 오션뷰 부동산이 더 늘어날 거라고 했죠. 트럼프는 기후 위기에 관한 질문을 받으면 다른 문제로 덮어버리려는 경향이 있습니다. 2022년에는 "(바이든 정부의 기후 특사인) 존 케리 같은 사람들이 기후를 걱정하고 있다. 러시아의 블라드미르 푸틴이 우리를 위협하는데, 케리는 앞으로 300년간 해수면이 0.01퍼센트 올라갈 것을 걱정하고 있다"고 했죠.

Q3. 화석 연료에 대한 입장은?

해리스는 청정 에너지에 찬성하지만, 화석 연료에 반대하지도 않습니다. 해리스는 2019년 민주당 대선 경선 때 환경 오염을 이유로 셰일 가스 채굴 기술인 프래킹에 반대한다고 했습니다. 하지만 최근 입장을 바꿨죠. 지난 8월

CNN 인터뷰에서 해리스는 "나는 부통령으로서 프래킹을 금지하지 않았다. 대통령으로서도 프래킹을 금지하지 않을 것이다"고 했습니다. "프래킹을 금지하지 않고도 번창하는 청정 에너지 경제를 성장시킬 수 있다"고 덧붙였는데요, 경합주인 펜실베이니아주의 표심을 노린 발언이었습니다. 펜실베이니아는 미국 내에서 텍사스에 이어 두 번째로 천연가스 생산을 많이 하는 지역입니다. 이 지역에선 프래킹 금지가 일자리 문제와 직결되기 때문에 기존 입장에서 후퇴한 거였죠.

트럼프는 화석 연료 예찬론자입니다. 공화당 대선 후보 수락 연설에서 "드릴, 베이비, 드릴(Drill, baby, drill)"이라고 했는데, 석유를 더 캐자는 말입니다. 트럼프는 이 슬로건을 유세 현장에서 반복적으로 사용하며 자신의 에너지 정책을 설파하고 있습니다. 트럼프는 미국의 발밑에 액체 금(liquid gold), 즉 석유가 잔뜩 매장돼 있으니 석유를 더 써야 한다고 말합니다. 트럼프는 재집권에 성공하면 공공 토지에서 석유 시추를 늘리고, 천연가스 파이프라인 승인을 가속화하고, LNG 수출을 재개하겠다고 밝혔습니다.

Q4. 기후 외교의 방향은?

바이든 행정부는 출범 직후 글로벌 기후 리더십을 회복하기 위해 파리 기후 협정에 재가입했습니다. 해리스는 바이든 행정부의 기후 정책을 계승할 것으로 보입니다. 해리스는 2023년 유엔 기후 정상 회담에서 미국이 2030년까지 에너지 효율을 두 배로, 재생 에너지 용량을 세 배로 늘리겠다고 밝혔습니다. 또한 개발 도상국이 기후 대응에 나설 수 있도록 미국이 녹색 기후 기금에 30억 달러를 출연하겠다고 발표했습니다. 또한 카리브해 국가들의 기후 대응과 에너지 문제를 지원하기 위해 파트너십을 맺기도 했습니다.

한편 트럼프는 집권 1기 첫해였던 2016년에 파리 기후 협정을 탈퇴했습니다. 이 협정 때문에 각종 환경 규제가 부과돼 미국 제조업 일자리가 줄어든다는 이유였죠. 트럼프는 백악관에 복귀하면 또다시 파리 협정에서 탈퇴하겠다고 공언하고 있습니다. 지난 6월 당시 민주당 대선 후보였던 바이든과 가진 TV 토론에서 트럼프는 파리 협정을 두고 미국의 돈을 뜯어 가는 바가지이자 재앙이라고 비난하기도 했죠. 트럼프의 미국이 파리 협정을 탈퇴하면 기후 대응 글로벌 시스템이 깨질 수 있습니다.

Q5. 전기차와 청정 에너지를 지지하나?

바이든-해리스 정부의 가장 큰 유산은 인플레이션 감축법입니다. 2030년까지 온실가스 40퍼센트 감축을 목표로 재생 에너지와 기후 대응에 3690억 달러를 투입하는 것을 주요 내용으로 합니다. 전기차를 구매할 때 최대 7500달러의 세액 공제를 받을 수 있죠. 해리스가 당선되면 이 정책 기조를 유지할 것으로 보입니다. 해리스는 전기차 공약을 발표하지는 않았지만, 부통령으로서 전기차를 지지했습니다. 바이든 정부는 '깨끗한 스쿨버스 프로그램'에 10억 달러를 투입해 2500대의 전기 스쿨버스 구입을 지원했는데, 해리스는 이 프로그램의 목적이 "우리 아이들을 구하고, 아이들을 위해 우리 지구를 구하는 것"이라고 말했습니다.

트럼프는 재집권에 성공하면 바이든 정부의 전기차 정책과 보조금을 없애겠다고 공약했습니다. 트럼프는 전기차가 부유한 사람들이 타는 것이라며 이들을 돕기 위해 세금을 쓸 필요가 없다는 입장입니다. 평범한 미국인은 전기차를 구입할 여력이 없고, 또 전기차를 타고 싶어 하지도 않는다는 것이죠. 또한 트럼프는 전기차가 자동차 산업의 일자리를 줄일 것이라고 말합니다. 불과 몇 달 전까지만 해도 트럼프는 전기차에 강한 반감을 갖고 있는 것으로 보였는데요, 지난 '7월 일론 머스크가 트럼프 지지를 선언한 이후, 격한 발언이 다소 누그러졌습니다. 전기차가 자동차 산업의 "아주 작은 부분"이 되는 것에는 찬성한다고 했죠.

Q6. 환경 보호 기관은 어떻게 될까?

미국 환경보호청(EPA)은 온실가스 저감, 자동차 배출가스 규제 등 미국 환경 정책을 총괄하는 기관입니다. 바이든-해리스 정부는 인플레이션 감축법과 인프라법에 따라 진행되는 환경 프로젝트를 위해 EPA에 총 1000억 달러를 내려보낼 것으로 예상됩니다. 이미 일부 예산을 집행해 전기 스쿨버스를 도입하고, 구리 광산을 태양광 발전소로 전환하고, 공장의 납 파이프를 제거하는 등 여러 환경 정책이 추진되고 있습니다. 해리스가 집권할 경우 EPA에 자금 지원이 계속될 가능성이 큽니다.

반면 트럼프가 집권하면 완전히 다른 상황이 연출될 수 있습니다. 트럼프는 환경 기관 때문에 아무것도 할 수 없다는 말을 자주 해왔는데요, 실제로 집권 1기 때였던 2020 회계연도 예산안에서 EPA 예산을 31퍼센트 삭감하려

했지만, 민주당이 주도하는 하원 예산위원회에서 거부당한 적이 있습니다. 트럼프는 집권 1기 말기에 연방 기관에 근무하는 공직자를 쉽게 해고할 수 있도록 하는 행정 명령에 서명했습니다. 집권 2기 때도 같은 정책을 추진해 '말 잘 듣는' EPA, 즉 환경 보호를 하지 않는 환경보호청을 만들려 할 수 있습니다.

헤즈볼라는 무엇인가?

헤즈볼라는 레바논에 기반을 둔 시아파 무슬림 무장 단체이자
정당이다. 아랍어로 '신의 정당'이라는 뜻이다. 헤즈볼라는
민병대로 출발해 정당을 설립하고, 레바논 의회에 진출해
연합 정부의 일원으로 집권에도 성공한 조직이다. 헤즈볼라가
무엇인지, 그리고 헤즈볼라의 수장 나스랄라 사망 이후 중동
정세를 살펴본다. 이연대가 썼다.

하산 나스랄라의 죽음

9월 27일 헤즈볼라의 수장 하산 나스랄라가 레바논 수도
베이루트에서 이스라엘의 공습을 받아 사망했습니다.
이스라엘군은 지하 18미터 아래 벙커에 있던 나스랄라를
암살하기 위해 '벙커 버스터'라 불리는 폭탄 100여 발을
투하했습니다. 벙커 버스터는 지하 콘크리트 구조물을 뚫고
들어가 터지는 폭탄입니다. 이 폭탄으로 헤즈볼라 중앙
본부가 있던 건물이 사라지고 싱크홀처럼 커다란 구멍이
생기면서 나스랄라를 포함한 헤즈볼라 고위 지휘관들이
사망했습니다. 이스라엘군은 이번 작전명을 '새 질서(New
Order)'라고 밝혔습니다.

헤즈볼라는 이란이 뒤를 봐주는 반미, 반이스라엘 동맹인
'저항의 축'의 핵심 세력입니다. 팔레스타인의 하마스, 예맨의
후티 역시 이란의 지원을 받아 이스라엘과 맞서 싸우는
세력입니다. 나스랄라 사망 이후 헤즈볼라, 하마스, 후티,
이란은 이스라엘에 대한 보복을 공언했습니다. 이스라엘-
하마스 전쟁이 중동 전역으로 확산할 위기입니다. 이번
그레이트 게임에서는 헤즈볼라가 무엇인지, 그리고 나스랄라
사망 이후 중동 정세를 살펴봅니다.

헤즈볼라는 무엇인가?

헤즈볼라는 레바논에 기반을 둔 시아파 무슬림 무장 단체이자 정당입니다. 아랍어로 '신의 정당'이라는 뜻입니다. 헤즈볼라는 민병대로 출발해 정당을 설립하고, 레바논 의회에 진출해 연합 정부의 일원으로 집권에도 성공한 조직입니다. 장관을 배출하기도 했죠. 외견상 레바논 정계의 한 축인데, 이들의 정강 정책은 민주주의 회복도 GDP 얼마 달성도 아닙니다. 1983년 설립 때부터 지금까지 한결같이, 이스라엘 제거입니다.

1970년대 이스라엘은 팔레스타인 해방 기구(PLO) 때문에 골머리를 앓았습니다. PLO는 팔레스타인 분리 독립을 목표로 설립된 무장 단체입니다. 이들은 이스라엘의 강군과 정면 충돌해서는 승산이 없으니 주로 게릴라전과 테러를 감행했습니다. 1972년 뮌헨 올림픽 참사가 대표적이죠. PLO의 분파가 비밀리에 서독에 침투해 이스라엘 선수단을 인질로 잡았습니다. 범인은 모두 잡혔지만, 서독 경찰의 진압 실패로 인질 전원이 숨진 사건입니다.

1982년 이스라엘은 PLO를 뿌리 뽑는다는 명분으로 당시 PLO의 근거지였던 레바논을 침공해 수도 베이루트를

점령합니다. 이때 반이스라엘이라는 기치를 내걸로 결성된
시아파 민병대가 헤즈볼라입니다. 시아파 민병대이니만큼
시아파 종주국인 이란의 최고 지도자에게 충성을 맹세하고,
이스라엘의 레바논과 팔레스타인 점령에 맞서 싸우기로
합니다.

이란은 아랍 국가들과 같은 중동권, 이슬람권에 속하지만,
민족도 다르고 역사도 다르고 언어도 다릅니다. 아랍 지역에
개입할 명분과 수단이 많지 않았습니다. 그런데 마침 친이란
세력 헤즈볼라가 등장한 겁니다. 이란은 헤즈볼라의 발족을
아랍 지역에서 영향력을 확대할 기회로 삼고 헤즈볼라에
무기와 자금을 대줍니다. 이슬람혁명수비대(IRGC)는
헤즈볼라 전투원에게 군사 훈련도 시켜 줍니다. 그렇게
헤즈볼라는 이란의 아랍 지역 핵심 자산이 됩니다.

헤즈볼라의 군대는 얼마나 강력한가?

레바논에도 군대는 있습니다. 공군과 해군은 사실상 없다고
봐도 무방할 정도로 열악하고, 그나마 육군은 병력이 7만
5000명 정도 됩니다. 그러나 군사적 역량과 무장 수준에서
헤즈볼라에 크게 밀립니다. 이란과 시리아의 군사적, 재정적

지원을 받는 헤즈볼라와 달리, 정부군은 정부 예산으로
돌아가는데 경제 위기 속에서 국방에 투입할 돈이 없기
때문입니다. 레바논군은 이슬람 국가들의 정부군 중에서
최약체로 평가됩니다.

헤즈볼라 군대는 정부군이 아니기 때문에 군대 규모와 구조가
잘 알려져 있지 않습니다. 헤즈볼라의 수장 나스랄라는 올해
초 헤즈볼라의 병력이 10만 명이라고 주장했는데, 심리전을
위한 과장된 수치라는 분석이 많습니다. 미국 〈CIA 월드 팩트
북〉에 따르면 헤즈볼라의 전투원은 5만 명으로 추정됩니다.
절반은 현역이고, 절반은 예비군입니다.

라드완 부대라는 특수 부대에 2500명이 속한 것으로
알려지는데, 이들은 시리아 내전에 참전한 경험이 있는
정예 요원입니다. 주요 임무는 이스라엘 영도에 침투해
정보를 수집하고, 암살 작전을 벌이고, 민간인을 포로로 잡는
것입니다. 또한 헤즈볼라는 100여 명의 자살특공대원도
보유한 것으로 전해집니다.

헤즈볼라는 하마스와 비교해 훨씬 더 강한 군사력을 보유하고
있습니다. 하마스가 이스라엘에 발사하는 구식 로켓이나
박격포보다 더 정교한 로켓, 미사일, 드론 무기를 갖고
있습니다. 사거리가 200킬로미터에 달하는 이란제 젤잘-2

미사일을 포함해 15만 개의 로켓과 미사일을 보유하고 있는 것으로 추정됩니다. 이스라엘 영토 전역을 타격할 수 있는 수준입니다. 대공, 대함 미사일도 갖추고 있습니다. 또 레바논 남부에 160킬로미터 길이의 지하 터널망을 구축한 것으로 알려집니다.

헤즈볼라의 정치적 위상은 어떠한가?

레바논은 국교가 없습니다. 기독교를 믿는 국민이 절반쯤 됩니다. 나머지 절반이 무슬림인데, 수니파와 시아파로 나뉩니다. 그래서 삼권 분립도 종파별 안배에 따라 이뤄집니다. 1989년 레바논 내전이 사우디아라비아의 중재로 끝나면서, 마론파 기독교가 대통령, 수니파 무슬림이 총리, 시아파 무슬림이 국회의장을 맡기로 합니다. 128석의 의회도 기독교와 이슬람교가 절반씩 나눠 갖습니다.

이 합의에 따라 종파별 민병대와 군벌들은 무장 조직을 해체하기로 하는데, 헤즈볼라만 예외가 됩니다. 이스라엘이 여전히 레바논 남부를 점령한 상태였기 때문에, 헤즈볼라는 이스라엘에 맞서 싸울 합법적 저항 세력으로 남게 됐죠. 레바논 남부의 민병대에서 사실상 국가가 인정한 무장 단체가 뇐 헤즈볼라는 1992년에는 정계에 뛰어듭니다. 다양한 정당과 동맹을 맺어 국가를 통제하고, 자신들의 이익에 부합하지 않는 정책에는 거부권을 행사합니다. 2018년에는 헤즈볼라와 동맹 정당이 의회 다수당을 차지하기도 합니다. 다수당 연합은 2022년에 깨졌지만, 이후에도 헤즈볼라는 레바논 정계에서 계속해서 영행력을 행사해 왔습니다.

헤즈볼라는 레바논에서 인기가 있나?

2000년 이스라엘이 18년 만에 레바논 남부에서 철수하자 헤즈볼라의 수장 나스랄라는 국민적 영웅으로 추앙받습니다. 이스라엘의 레바논 철수는 아랍 세계의 저항을 상징하는 사건처럼 여겨졌습니다. 헤즈볼라는 자신들이 전쟁에서 진 적이 없는 이스라엘을 레바논 땅에서 몰아냈다고 선전했죠. 이로써 헤즈볼라의 군사적, 정치적 지위가 올라갔고, 많은 레바논 사람이 헤즈볼라를 국가의 해방자로 칭송했습니다. 헤즈볼라는 일부 지역에 학교, 병원 같은 필수 인프라를 직접 운영하기도 했습니다. 전쟁으로 집을 잃은 사람에게 집을 지어 주고, 정부 대신 피해 보상을 해주기도 했습니다. 전쟁으로 폐허가 된 나라에서 주민들에게 헤즈볼라는 정부가

해주지 못하는 것을 해주는 단체였습니다. 같은 종파인
시아파는 물론이고, 종파가 다른 사람도 헤즈볼라를 지지할
수밖에 없었습니다.

그러나 2005년 라픽 하리리 총리 암살에 헤즈볼라와
시리아가 개입했다는 의혹이 불거지면서 전국적인
반헤즈볼라, 반시리아 시위가 일어났습니다. 이후 헤즈볼라의
인기는 점차 떨어집니다. 헤즈볼라와 동맹 정당이 다수당이
된 2018년 이후에는 집권 세력으로서 경제 위기를
해결하지 못한 정치적 책임을 져야 했습니다. 2024년 초
레바논 국민 여론 조사에 따르면 헤즈볼라를 신뢰한다고
답한 사람은 30퍼센트, 신뢰하지 않는다고 답한 사람은
55퍼센트였습니다.

헤즈볼라의 자금은 어디서 나오나?

헤즈볼라의 연간 운영 예산은 10억 달러로 추정됩니다. 이
중 70퍼센트를 이란이 지원합니다. 이란은 연간 7억 달러의
자금과 첨단 무기를 헤즈볼라에 제공합니다. 헤즈볼라도 이를
부인하지 않습니다. 헤즈볼라의 수장 나스랄라는 2016년에
"헤즈볼라의 예산과 먹고 마시는 모든 것, 무기와 로켓은

이란에서 나온나"고 했습니다.

나머지 30퍼센트는 범죄 수익으로 충당합니다. 자금 세탁, 마약 밀매, 인신매매 같은 범죄 활동을 통해 수익을 올립니다. 헤즈볼라는 코카인 선적과 유통에 관여해 왔는데, 멕시코와 콜롬비아 마약 카르텔의 자금을 매달 최대 2억 달러를 세탁해 주고 수수료를 챙기는 것으로 알려집니다.

시아파 레바논인 디아스포라의 특성 덕분에 헤즈볼라는 세계 각지에 충성스러운 조력자를 두고 있습니다. 헤즈볼라 대원이 아닌 레바논 출신 시아파 사업가들도 헤즈볼라에 도움을 줍니다. 헤즈볼라는 종교적이고 정당적인 충성심뿐만 아니라, 혈연 관계에 기반한 복잡한 네트워크를 통해 전 세계적으로 자금을 세탁합니다. 중고차부터 전자제품, 의류, 화장품을 거래하며 불법 자금을 운반합니다.

헤즈볼라는 테러 단체인가, 아닌가?

테러리즘에 대한 국제적으로 합의된 정의는 없습니다. 여러 국제 기구와 국가들이 테러 단체를 지정하고 있지만, 명확한 기준 없이 정치적 맥락에 따라 결정됩니다. 어떤 공격 행위가 한 나라에선 테러가 될 수 있고, 또 다른 나라에선 저항 행위가 될 수 있습니다.

헤즈볼라를 보는 관점 역시 다양합니다. 미국, EU, 캐나다, 호주, 이스라엘 등 서방 국가들은 헤즈볼라를 테러 단체로 지정하고 있습니다. 반면 중국, 러시아, 북한, 이란 등은 헤즈볼라를 테러 단체로 보지 않죠. UN 역시 헤즈볼라를 테러 단체로 지정하지 않았습니다.

이스라엘의 입장에서 볼 때 헤즈볼라는 잔혹한 테러 집단이지만, 레바논의 시아파 주민들 사이에서 헤즈볼라는 황폐화된 국토를 재건하고 학교와 병원을 세우고 다른 종교, 종파와 원만하게 지내는 단체입니다. 원내 정당이기도 하고요.

헤즈볼라와 이스라엘의 최근 갈등은?

1982년 헤즈볼라가 설립된 이후부터 40여 년간 헤즈볼라와 이스라엘은 충돌해 왔습니다. 그러다 2023년 10월 이스라엘-하마스 전쟁이 발발한 직후부터 헤즈볼라는 하마스에 연대를 표시하며 이스라엘 북부에 로켓을 발사해 왔습니다. 이스라엘 북부에서 교전이 이어지면 이스라엘이 북부의 병력을 뺄 수 없게 되고, 그럼 이스라엘 남쪽의 가자 지구에서 싸우는 하마스에 노움이 될 수 있다는 거였죠. 이스라엘은 북부 주민 7만 명을 대피시켰고, 이들은 아직 집으로 돌아가지 못하고 있습니다.

9월 16일 이스라엘은 가자 지구 전쟁의 목표를 이스라엘 북부 주민들의 귀환으로 확대했습니다. 그리고 다음 날 '삐삐 테러'를 감행했습니다. 헤즈볼라 대원들에게 지급된 무선 호출기와 무전기 수천 대가 거의 동시에 폭발하며 37명이 숨지고 3000명 넘게 다쳤습니다. 전면전을 앞두고 헤즈볼라가 제대로 반격할 수 없도록 전투원과 군사 통신 체계를 무력화한 것이라는 분석입니다.

그리고 9월 27일 이스라엘은 베이루트를 공습해 헤즈볼라의 수장 하산 나스랄라를 폭살합니다. 나스랄라는 32년간 헤즈볼라를 이끌어 온 지도자였습니다. 헤즈볼라는 즉각 보복에 나섰습니다. 이스라엘 북부 도시 사페드를 향해 로켓을 발사하며 "레바논과 국민을 지키고 이스라엘의 민간인에 대한 야만적 행위에 대한 대응"이라고 했습니다.

나스랄라 사후의 정세는?

헤즈볼라는 권력 구조가 중앙 집권적이고, 서열이 확실한

조직입니다. 종교적 권위와 군사적 위계질서가 혼합된
조직이어서 1인자가 사라졌다고 해서 조직이 쉽게 흔들리지
않습니다. 또한 지도자 암살에 대비해 후계 구도도 일찌감치
정리해 놓습니다. 헤즈볼라는 하산 나스랄라의 후계자로
그의 외사촌인 하심 사피에딘을 낙점한 것으로 전해집니다.
사피에딘은 20여 년 전부터 이미 나스랄라의 후계자로 내정된
인물로 알려져 있습니다. 헤즈볼라는 사피에딘을 중심으로
조직을 빠르게 재정비할 것으로 보입니다.

이스라엘이 베이루트를 공습해 헤즈볼라의 수장을
제거하면서 인근의 반이스라엘 세력들은 보복을 다짐하고
있습니다. 이스라엘이 전선을 확장한 이상, 더 지체하면 먼저
공격당할 수도 있기 때문입니다. 예맨의 후티, 이라크의
시아파 민병대 카타이브 헤즈볼라 등 주변 시아파 세력이 이
지역 분쟁에 더 깊이 개입할 가능성이 있습니다. 대리인을
내세우고 멀찍이 떨어져 관전하던 이란도 들썩이고 있습니다.
이란의 최고 지도자 하메네이는 나스랄라의 죽음이 공식
발표된 이후, 시아파 무슬림들에게 모든 수단을 동원해
헤즈볼라를 지원하라는 성명을 냈습니다.

지난해 10월 하마스가 이스라엘을 선제 공격했을 때,
하마스는 전선의 확장을 바랐습니다. 이스라엘 서남부를

자신늘이 흔들고, 동북부 서안 지구에서 봉기가 일어나고,
이스라엘 북부를 헤즈볼라가 공격하고, 예맨의 후티가
이스라엘을 향해 로켓을 날리고, 나아가 시아파 종주국
이란이 참전해 주길 바랐죠. 미국의 중재로 이스라엘-하마스
평화 협정에 진척이 있는가 싶더니, 결국 하마스의 바람대로
흘러가고 있는 것 같습니다.

신와르의 죽음

하마스의 최고 지도자 야히야 신와르가 이스라엘군에 의해
사살됐다. 신와르는 지난 10월 7일 이스라엘 기습 공격을
주도한 인물이다. 그런 그가 죽었으니 이스라엘-하마스의
평화 협정이 급물살을 탈 것이라는 예측이 있다. 조 바이든
미국 대통령도 "정치적 해결을 위한 기회가 왔다"며 신와르
사망을 평화 협정의 동력으로 삼으려 하고 있다. 그러나 전쟁
당사자들은 평화 협정에 관심이 없어 보인다. 이연대가 썼다.

야히야 신와르의 죽음

이스라엘군이 10월 16일 팔레스타인 무장 정파
하마스의 최고 지도자 야히야 신와르(Yahya Sinwar)를
"제거"했습니다. 이스라엘군은 17일 성명을 통해 "이스라엘과
신베트(이스라엘의 국내 정보기관)가 1년간 추적한 끝에
어제 남부사령부 소속 군인들이 가자 지구 남부에서 야히야
신와르를 제거했다"고 밝혔습니다. 이스라엘군은 가자 지구
남부에서 하마스 대원 세 명을 사살했는데, 그중 한 명이
신와르였습니다.

지난해 10월 7일 하마스가 이스라엘을 기습 공격한 이래,
지난 1년간 이스라엘은 드론과 도청 장치, 정보원들을 활용해
신와르의 행방을 파악하려고 노력해 왔습니다. 신와르는
이스라엘 침공을 설계하고 주도한 인물이었습니다. 신와르는
지난 1년간 대부분의 시간을 지하 땅굴에서 보낸 것으로
추정됩니다. 위치 추적을 피하기 위해 가족과 경호원 등
극소수의 사람과만 소통했던 것으로 보입니다.

이스라엘 방위군(IDF)는 9월 말에 가자 지구 최남단 도시
라파에서 하마스가 억류하고 있던 인질 6명의 시신을
수습했는데, 그 근처의 터널에서 수집한 소변 샘플에서

신와르의 DNA를 발견했습니다. 이후 한 날 반 동안 그 지역을 중심으로 신와르 수색 작전을 펼쳤습니다. 신와르는 젊은 시절 이스라엘 감옥에 갇힌 적이 있는데, 이스라엘은 이때 신와르의 DNA를 확보한 것으로 알려집니다.

10월 16일 오후 IDF의 828 비슬라마크 여단 소속 훈련병들은 라파의 탈알술탄 지역을 순찰하다가 하마스 대원 세 명과 우연히 마주쳤습니다. 교전 끝에 모두 사살했습니다. 시체를 검사하다가 세 명 중 한 명이 신와르와 닮았다는 걸 알게 됐습니다. 시체에 폭발물이 달려 있을 가능성이 있어 시체는 그대로 두고 손가락 일부를 잘라서 먼저 이스라엘로 보냈습니다. 시체는 이후에 수습했죠. 신원 확인 결과, 그 손가락은 신와르의 것이었습니다.

IDF가 10월 17일에 공개한 드론 영상에는 신와르의 마지막 순간이 담겨 있습니다. 교전이 벌어졌을 때 신와르는 혼자 파괴된 건물로 달려갔습니다. 드론은 건물의 열린 창문을 통해 실내로 진입합니다. 잔해가 널린 건물의 1층에서 신와르는 안락의자에 앉아 머리를 가리고 있습니다. 부상을 입은 것처럼 보이는 신와르는 드론이 다가오자 막대기 같은 것을 던지며 영상은 끝납니다. 이후 탱크가 건물에 포탄을 발사해 건물이 무너져 내립니다.

이스라엘 방위군의 드론에 포착된 신와르. 이 영상 촬영 직후 신와르는
사망했다. 출처: 이스라엘 방위군

시신 부검 결과, 직접적 사인은 머리 총상이었습니다.
즉 총상을 입은 상태에서 막대기로 드론을 쫓아낸
직후 더 버티지 못하고 숨이 끊긴 것으로 보입니다.
신와르의 시신에선 AK-47 소총, 방탄조끼, 라이터, 유엔
팔레스타인난민구호기구 직원의 신분증과 여권, 현금
4만 셰켈(약 1500만 원), '멘토스' 사탕이 발견됐습니다.
이스라엘은 신와르가 인질들을 인간 방패로 사용하고 있었을
것이라 추정했는데, 근처에서 인질은 발견되지 않았습니다.
눈에 띄지 않게 움직이려 했던 것으로 보입니다.

신와르는 누구인가

야히아 신와르는 올해 8월 초 하마스의 최고 정치 지도자로 선출됐습니다. 7월 31일 이란 수도 테헤란에서 하마스의 지도자 이스마일 하니야가 이스라엘에 의해 암살된 지 엿새 만에 지도부 만장일치로 새 수장에 올랐죠. 당시 신와르가 하마스 수장에 선출되자 이스라엘-하마스의 평화 협정은 물 건너갔다는 분석이 나왔습니다. 신와르는 타협을 모르는 극단적인 인물인데다, 이스라엘 역시 신와르를 제거 1순위로 꼽아 왔기 때문입니다.

야히아 신와르는 1962년 가자 지구 남부 칸 유니스의 난민촌에서 태어났습니다. 1948년 1차 중동 전쟁으로 이스라엘이 팔레스타인 땅에서 건국을 선언하고 70만 명의 팔레스타인 사람들을 내쫓았는데, 그의 가족도 그중 하나였습니다.

신와르는 19세 때인 1982년 이슬람 활동 혐의로 이스라엘에 처음 체포됐고, 1985년에 다시 체포됐습니다. 이 무렵 무슬림 형제단의 팔레스타인 지부를 이끌던 셰이크 아메드 야신과 관계를 맺습니다. 텔아비브의 국가안보연구소 선임 연구원인 코비 마이클은 두 사람이 이 시기에 둘이 "매우 가까워졌다"고 말합니다. 2년 뒤인 1987년 야신은 무슬림 형제단에서 떨어져 나와 하마스를 설립합니다. 코비 마이클은 하마스 영적 지도자와의 관계가 훗날 신와르에게 "후광 효과"를 줬을 것이라고 분석합니다.

1987년 신와르는 하마스의 내부 보안 조직인 알마즈드를 직접 세웁니다. 알마즈드는 하마스 조직의 규율을 다스리는 조직입니다. 이스라엘에 협력한 혐의가 있는 사람을 잡아다가 잔혹하게 살해하는 것으로 악명을 떨쳤는데, 사람을 산 채로 묻기도 했습니다.

1988년 신와르는 이스라엘 군인 2명과 팔레스타인인 4명을 납치해 일부 살해한 혐의로 체포돼 이스라엘에서 종신형을 선고받습니다. 그때부터 2011년까지 23년을 이스라엘 감옥에서 보냈습니다. 신와르는 교도소 내에서도 리더 역할을 했는데, 이스라엘 정부는 이 기간 신와르가 "잔인하고, 권위적이며, 교활하고, 조종적이며, 군중을 끌어들일 수 있는 능력이 있었다"고 평가합니다.

종신형을 받고 복역하던 중인 2011년, 이스라엘 정부와 하마스는 하마스가 5년간 억류하고 있던 IDF 병사 길라드 샬리트 단 한 명과 이스라엘 교도소에 수감 중인 팔레스타인인 1027명을 교환하기로 합의합니다. 이때 신와르도 풀려나게 되죠.

신와르가 감옥에 가기 전에 하마스는 이제 막 조직된 작은 무장 단체였습니다. 그러나 신와르가 가자 지구로 돌아왔을 때 하마스는 가자 지구의 집권 정당이자 중동 지역에서 이름이 난 무장 단체가 돼 있었습니다. 신와르는 하마스의 창립 멤버였고, 창립자 야신과 가까웠고, 또 이스라엘과 맞서다 20년 넘게 옥살이를 했습니다. 신와르는 복귀하자마자 하마스의 지도자급 반열에 오릅니다.

석방 이듬해인 2012년 신와르는 총 15명인 하마스 정치국 위원 중 하나로 선출되고, 2017년에는 가자 지구 지도자에 오릅니다. 그리고 2021년 연임에 성공하죠. 이후 2024년 8월 하마스의 전임 최고 정치 지도자가 이스라엘에 암살되면서 새 수장으로 선출됩니다. 그리고 두 달여 만에 이스라엘의 공격으로 사망합니다.

신와르의 죽음 이후

신와르는 지난해 10월 7일 이스라엘 기습 공격을 주도했고, 십수 년간 이스라엘에 가장 강경한 인물이었습니다. 그런 그가 죽었으니 이스라엘-하마스의 평화 협정이 급물살을 탈

것이라는 예측이 있습니다. 조 바이든 미국 대통령도 "정치적 해결을 위한 기회가 왔다"며 신와르 사망을 평화 협정의 동력으로 삼으려 하고 있습니다. 토니 블링컨 미국 국무부 장관도 이번 주에 이스라엘을 방문할 예정이고요.

그러나 전쟁 당사자들은 평화 협정에 관심이 없어 보입니다. 베냐민 네타냐후 이스라엘 총리는 신와르 사망 확인 직후 전 세계에 "악에 대한 선의 승리"를 보여 줬다면서도 "전쟁은 아직 끝나지 않았다"고 밝혔습니다. 실제로 이스라엘군은 신와르 사살 이후인 19일에도 가자 지구 북부를 공습해 어린이와 여성을 포함한 73명이 목숨을 잃었습니다.

이스라엘 국민 다수는 지금이 하마스와 협상할 적기라고 보고 있습니다. 실제로 지난해 11월 협상을 통해 1주일간 휴전한 동안 하마스가 억류하고 있던 105명의 인질이 이스라엘로 송환된 바 있습니다. 그러나 여전히 101명의 인질이 남아 있습니다. 그중 3분의 1은 사망한 것으로 추정됩니다. 더 늦기 전에 협상을 통해 남은 인질을 데려와야 한다는 것이 이스라엘의 여론입니다.

그러나 네타냐후는 꿈쩍도 하지 않고 있습니다. 여러 추측이 있습니다만, 휴전이 네타냐후와 강경파들에게 유리하지 않기 때문이라는 여론이 가장 널리 퍼져 있습니다. 전쟁이 끝나면

그를은 지난해 10월 7일 하마스의 기습 공격을 간파하지 못한 안보 실패의 책임을 져야 하고, 의회 해산과 총선을 요구받을 것이고, 결국 실각할 것이라는 주장입니다. 동시에 부패 혐의로 기소된 네타냐후는 재판을 피할 수 없게 됩니다. 결국 네타냐후와 강경파들이 자기 이익을 위해 전쟁을 장기화하고 있다는 것입니다.

군사 전문가들은 조금 다른 분석을 내놓습니다. 네타냐후와 강경파들이 이참에 중동 질서를 재편하려 한다는 주장인데요, 내년 1월 미국의 새 대통령이 임기를 시작하기 전에 돌이킬 수 없는 수준으로 현상을 바꿔 놓으려 한다는 것입니다. 미국이 대선을 치르느라, 또한 차기 대통령이 집권을 준비하느라 정신이 없는 동안 하마스와 헤즈볼라에 최대한 피해를 입혀서 이란이 다시는 대리전을 할 수 없도록 해놓겠다는 것이죠.

한편 하마스 역시 전쟁을 멈출 기색이 없습니다. 하마스는 신와르의 부재도 계속 싸우겠다고 밝혔습니다. 가자 지구에서 휴전이 이뤄지고, 이스라엘군이 가자 지구에서 철수할 때까지 인질을 석방하지 않겠다는 기존 입장을 재확인했습니다. 벌써 신와르의 뒤를 이을 새 수장을 정했다는 외신 보도도 나오고 있습니다. 하마스의 조직이 일시적으로 흔들리면서 내부 통제가 원활히 이뤄지지 않을 가능성도 있습니다. 이 경우 일부 강경파가 이스라엘을 더 강하게 도발할 수 있습니다.

구글 없는 세상

미국 법무부가 구글의 검색 독점을 해결하기 위해 기업
해체를 검토하고 있다. 이번 소송은 1990년대 미국 법무부가
마이크로소프트를 대상으로 한 반독점 소송 이후 빅테크를
대상으로 제기한 최대 반독점 소송이다. 최종 결과가
나올 때까지는 몇 년이 더 걸릴 전망이다. 구글이 판결에
불복해 항소하면 최종 판단은 연방 대법원에서 결정나게
된다. 구글의 혐의와 법무부의 해법, 그리고 구글의 대응을
살펴본다. 이연대가 썼다.

구글 해체

미국 법무부가 구글 해체를 검토하고 있습니다. 구글이 검색 시장을 독점해 자유로운 경쟁이 일어나지 않고 결국 소비자에게 피해를 준다는 이유입니다. 법무부는 구글의 검색 독점을 해결하기 위해 크롬 브라우저와 플레이스토어, 안드로이드 운영 체제 등을 분할하는 조치를 검토하고 있습니다. 또 방대한 검색 데이터를 경쟁사와 공유하도록 강제하고, 검색 결과를 AI 훈련에 사용할 수 없게 하는 방안도 거론됩니다.

미국 법무부가 반독점법을 위반했다는 이유로 구글의 일부 사업을 강제 분할하는 방안을 연방 법원에 제시했다. 출처: Bloomberg Television

법무부는 이 같은 내용의 구글 독점 해소 방안을 10월
8일 연방 법원에 제출했습니다. 32쪽 분량의 문서인데, 이
문서에 '구글 해체'가 직접적으로 등장하진 않습니다. 그러나
법무부는 구글이 자사 제품과 서비스를 활용해 검색 시장에서
경쟁사보다 우위를 점하는 것을 막기 위한 "행동적, 구조적
구제책"을 고려하고 있다고 밝혔습니다. 여기서 "구조적
구제책"이란 사업 일부를 매각하는 기업 분할을 의미합니다.
이번 조치는 미국 법무부가 구글을 상대로 제기한 반독점
소송인 '미국 대 구글 LLC' 사건의 판결에 따라 이뤄졌습니다.
지난 8월 5일 워싱턴DC 연방 법원은 "구글은 독점 기업이며
독점 지위를 유지하기 위해 반독점법을 위반했다"고
판결했습니다. 당시 법원은 반독점 위반 여부만 판결하면서
독점 해소 방안은 원고 법무부와 피고 구글 양측이 각각
제출하라고 명령했는데, 법무부가 먼저 초안을 제출한 거죠.
법무부는 11월 20일까지 최종안을 제출할 계획입니다.
구글은 법무부의 제시안이 "급진적"이라며 강력하게
반발했습니다. 법무부의 제재 방안이 법원 판결의 범위를
훨씬 넘어서는 것이라며 "소비자, 기업, 그리고 미국 경쟁력에
의도하지 않은 중대한 결과를 초래할 것"이라고 밝혔습니다.
구글 역시 12월 20일까지 자체적인 독점 해소 방안을 법원에

제출할 수 있습니다. 법원은 양측이 제시한 방안을 바탕으로 2025년 8월까지 최종 제재 내용을 선고하게 됩니다.

구글의 혐의

이번 소송은 1990년대 미국 법무부가 마이크로소프트를 대상으로 한 반독점 소송 이후 빅테크를 대상으로 제기한 최대 반독점 소송입니다. 《뉴욕타임스》는 이번 판결을 두고 "빅테크의 비즈니스 방식을 근본적으로 바꿀 수 있는 획기적인 판결"이라고 했죠. 다만 최종 결과가 나올 때까지는 몇 년이 더 걸릴 전망입니다. 구글이 판결에 불복해 항소하면 최종 판단은 연방 대법원에서 결정나게 됩니다.

구글은 단순히 검색 1위 기업이어서 반독점 소송을 제기당한 게 아닙니다. 이번 사건의 쟁점은 두 가지입니다. 첫째, 구글이 검색 시장에서 독점이라 할 만한 수준의 지위에 올랐는가. 둘째, 만약 그렇다면 구글이 독점 지위를 남용해 시장 경쟁을 저해했는가.

먼저, 독점 부분입니다. 법무부는 미국 내 구글의 검색 시장 점유율이 2009년 80퍼센트에서 2020년 90퍼센트로 증가했다고 주장했습니다. 높은 점유율 자체가 문제가 되지는 않습니다. 다만 구글은 시장 경쟁이 치열해 언제든 점유율을 잃을 수 있다는 걸 판사에게 입증해야 했는데, 구글은 "소비자가 최고 제품을 선택한 것"이라는 식의 주장을 되풀이했습니다. 결국 법원은 구글을 독점 기업으로 판단했죠.

두 번째 쟁점은 구글이 반경쟁적인 방법으로 독점적 지위를 강화했느냐 여부입니다. 구글은 다수의 유통사들과 독점 계약을 체결해 구글 검색이 기본 설정되도록 했습니다. 특히 구글은 아이폰 사파리 브라우저에 구글을 기본 검색 엔진으로 탑재하기 위해 2022년 애플에 200억 달러를 지급한 사실이 드러났습니다. 또 삼성 같은 안드로이드폰 제조사에게는 안드로이드 운영 체제를 사용하는 조건으로 구글 검색이 기본값이 되도록 했죠. AT&T 같은 통신사와도 비슷한 계약을 맺었습니다.

거의 모든 기기에는 기본 설정이 있습니다. 인기가 많은 특정 검색 엔진을 기본값으로 두는 게 큰 문제가 아닌 것처럼 보일 수 있습니다. 구글 역시 사용자가 구글 검색 엔진을 원한다는 논리로 맞섰습니다. 사용자가 원하는 일을 돕고 또 사용자가 원한다면 얼마든 다른 검색 엔진을 쓸 수 있는데, 어떻게 독점 금지법 위반이냐는 거죠. 한편 법무부는 구글이 여러 유통

채널과 맺은 계약으로 인해 신규 사업자가 시장에 진입하기 어려워졌다고 지적했습니다.

법원은 이번에도 법무부의 손을 들어줬습니다. 법원은 구글이 애플 등과의 계약 및 수익 공유를 활용해 검색 시장에서 경쟁자로부터 자사를 보호하고, 경쟁 제품의 배포를 방지했다며 반독점법 위반이라고 판결했습니다. 특히 애플과의 계약이 문제가 됐는데요, 구글은 배타적 계약이 아니어서 반독점법 위반이 아니라고 했지만, 법원은 구글의 주장을 받아들이지 않았습니다. 이 부분에 관한 법원 판결문은 이렇습니다. "애플은 비용을 거의 들이지 않고 구글로부터 수백억 달러의 보장된 수익을 얻는다. 이 수익을 잃을 수도 있다는 전망 때문에 애플은 자체 검색 엔진을 출시할 능력이 있어도 출시하지 못하게 된다."

구글의 미래

구글의 검색 독점 해소 방안은 크게 두 가지로 나뉩니다. 구글이 독점 지위를 강화하기 위해 사용한 전략을 중단하거나, 전략 중단은 물론이고 독점 행위의 결과까지 해결하는 것입니다. 구글은 전자를 바랐겠지만, 법무부가 제시한 초안은 후자에 가깝습니다. 법무부는 구글이 반경쟁적 행위를 중단한다 해도 그럴 능력을 보유한 이상 언제든 반독점 위반에 나설 수 있다고 보고 있습니다. 그래서 현재의 문제를 해결하는 데 그치지 않고 미래의 문제까지 막으려 합니다.

법무부가 법원에 제시한 문서에는 크게 네 가지 방안이 담겨 있습니다. 첫째, 구글이 애플을 포함한 휴대폰 제조사와 브라우저 회사와 계약을 맺어 구글 검색 엔진을 기본 검색으로 탑재하는 행위를 중단하는 것입니다. 법무부는 구글 검색이 기본값으로 설정되면 소비자가 경쟁 제품으로 전환할 가능성이 매우 낮고, 구글의 파트너사 역시 수익을 공유받는 한 다른 회사 제품으로 갈아탈 이유가 거의 없다고 보고 있습니다.

또한 구글은 다른 회사와 거래할 뿐만 아니라 크롬, 플레이스토어, 안드로이드 운영 체제 등 자사 제품을 결합해 경쟁사의 시장 진입을 어렵게 하는데요, 법무부는 여기에 구체적인 해법은 제시하지 않았지만 "구조적 구제책"을 고려하고 있다고 말했습니다. 즉 기업 분할입니다. 크롬, 플레이스토어, 안드로이드 운영 체제 중 일부를 매각해야 할 수 있습니다.

둘째, 구글이 AI 검색 기능에 사용되는 데이터를 포함해 구글 검색 데이터를 경쟁사에 공유하는 방안입니다. 법무부는 구글이 사용자의 검색 데이터를 사용해 자사 사업 모델을 강화하는 선순환 구조를 갖췄다고 주장합니다. 구글에서 사용자들이 더 많은 질문을 입력할수록 구글 검색 엔진은 더 좋아집니다. 이 데이터에 경쟁사는 접근할 수 없으니 효과적인 경쟁이 어려워진다는 게 법무부의 주장입니다. 구글은 개인 정보 보호를 이유로 난색을 표하고 있지만, 법무부는 구글의 주장이 진정으로 개인 정보를 보호하기 위해서가 아니라 시장 지위를 유지하고 경쟁을 막기 위해서라고 일축합니다. 법무부는 개인 정보 보호를 이유로 다른 회사와 공유할 수 없는 데이터라면 구글이 사용하거나 보유하는 것을 금지하겠다는 입장입니다.

셋째, 법무부는 구글이 검색 시장에서의 지배력을 활용해 AI 검색 시장을 쉽게 접수하려는 행위를 금지하려 합니다. 즉, 게시물을 올리는 사람이 자신의 콘텐츠가 구글의 AI 학습과 AI 검색에 사용되는 것을 거부할 수 있게 됩니다. 현재 구글은 게시물이 구글 검색 결과에 나타나려면 AI 학습에 동의해야 한다는 조건을 내거는데, 더 이상 이런 강압적인 동의를 요구할 수 없게 되죠.

넷째, 법무부는 구글의 텍스트 검색 광고 시장에서 더 많은
경쟁을 일으키고 진입 장벽을 낮추는 방안을 고려 중이라고
밝혔습니다. 검색어를 입력하면 나타나는 스폰서 광고
링크에서 구글은 경쟁사의 광고비를 고려하지 않고 광고비를
책정하는 것으로 알려졌는데, 법원은 이를 "경쟁이 없는
독점 기업만이 할 수 있는" 방식이라고 지적한 바 있습니다.
법무부의 초안에선 구체적인 해법이 제시되진 않았지만,
최종안에선 광고주에게 더 많은 권한이 부여되는 방안이 담길
것으로 보입니다.

구글의 대응

사실 이번 재판이 열릴 것이라 예상한 사람은 많지
않았습니다. 구글이 법정 밖에서 법무부와 합의할 것으로
예상했죠. 통상 이런 류의 재판이 이뤄지면 그동안 드러나지
않았던 세부 사항이 외부에 노출됩니다. 회사 내부의
커뮤니케이션, 수뇌부들이 주고받은 이메일, 관련자들의
진술이 언론에 공개되죠. 브랜드 이미지가 손상될 뿐만
아니라 구글의 영업 전략을 파악한 각국 정부가 반독점
규제를 강화할 수 있습니다.

그러나 구글은 법무부와 합의하지 않고 정면 대결을 택했습니다. 순다르 피차이 구글 CEO는 연방 법원의 판결 이후 최종 판단이 나오려면 몇 년이 걸릴 거라고 했는데요, 이 문제를 항소심으로 끌고가겠다는 뜻으로 풀이됩니다. 또한 피차이는 "사용자를 대신해 혁신하는 우리의 능력에 해가 된다면, 우리는 스스로를 방어하기 위해 적극적으로 나설 것"이라고 밝혔습니다.

법무부가 구글의 독점 해소 방안 초안을 법원에 제출하고 하루가 지난 10월 9일, 구글은 규제 담당 부사장 명의로 공식 블로그에 성명을 올렸습니다. 구글은 법무부의 "급진적이고 광범위한 제안"이 소비자, 기업, 개발자에게 피해를 줄 수 있다고 경고했습니다. 구글은 법무부의 주장대로 검색 데이터를 외부에 공유하면 개인 정보와 보안에 위협이 되고, 크롬과 안드로이드를 분리하면 수십억 달러를 투자한 두 사업 모두 망가질 것이고, 유통 계약이 중단되면 소비자 불편이 커지고 파트너사의 수익이 감소할 것이라고 했습니다. 또한 구글의 AI 도구를 규제하는 정책이 도입되면 "중요한 순간에 미국의 혁신을 저해할 위험"이 있다고도 했습니다. AI 산업은 아직 승자와 패자가 결정되지 않았고 전 세계적으로 경쟁이 치열한데, 지금 미국 기업 구글의 손발을 묶으면 미국의 기술 리더십이 꺾일 수 있다는 경고였습니다.
그러면서 오히려 미국의 기술 리더십을 장려해야 할 때라고
강조했죠.

일단 현재까지 언론과 투자자들은 구글 편으로 보입니다.
월스트리트저널, 파이낸셜 타임즈, 이코노미스트 같은
유력지들은 법무부와 법원을 비판하고 있습니다. 구글이
독점 기업인 건 알겠는데, 그래서 소비자에게 어떤 피해를
입혔는지가 모호하다는 주장입니다. 소비자들이 최고의
제품을 자발적으로 선택했다는 거죠. 또한 구글을 인위적으로
쪼개면 검색 서비스의 정확도가 떨어질 수 있다는 지적도
있습니다.

민주당의 큰손들도 구글의 편에 섰습니다. 억만장자이자
민주당의 고액 기부자인 배리 딜러와 리드 호프만은
민주당 대선 후보인 카멀라 해리스가 대통령에 당선되면
연방거래위원회(FTC) 위원장인 리나 칸을 해임해야 한다고
주장하고 있습니다. 물론 리나 칸이 구글을 상대로 소송을
제기한 건 아니지만, 리나 칸은 '빅테크 저승사자'라 불릴 만큼
반독점 문제에서 빅테크를 압박하는 인물입니다.

법무부와 구글의 법적 공방은 앞으로 몇 년간 더 이어질
전망입니다. 앞서 소개한 대로 11월 중에 법무부는 초안에서

더 발전한 구체적인 권고안을 제시할 예정입니다. 구글 역시 12월 중에 자구책을 내놓을 것이고요. 판사는 양측의 안을 모두 살펴보고 내년 8월까지 선고를 내리게 됩니다. 패소한 측은 사건을 연방 대법원으로 끌고갈 것으로 보입니다.

구글이 이기는 방법은 두 가지입니다. 첫째, 소송에서 승리하는 겁니다. 미국 연방 대법원의 대법관 9명 중 6명이 보수 성향으로 분류됩니다. 보수 우위의 대법원은 통상적으로 규제 완화 경향이 있지만, 구글도 안심할 수는 없습니다. 트럼프는 구글의 알고리즘이 민주당에 유리하다고 지적해 왔는데요, 자신이 재집권하면 구글을 최대로 처벌할 거라고 말해 왔습니다.

둘째, 차기 행정부에서 빅테크에 우호적인 인물이 법무부와 반독점 부서의 수장으로 임명돼 소송을 취하하거나, 구제 조치를 구글이 감당할 수 있을 수준으로 완화하는 것입니다. 반대로 위와 같은 일이 일어나지 않고 연방 대법원에서 법무부가 최종 승소한다면 많은 것이 달라지게 될 겁니다. 단순히 구글이 반경쟁 행위를 중단하거나, 심지어 기업 분할이 되거나 하는 선에서 그치지 않을 수 있습니다. 애플, 마이크로소프트, 메타, 아마존 같은 다른 빅테크들이 돈을 버는 방식이 달라질 수 있습니다.

어떤 시나리오대로 흘러갈지 아직 알 수 없습니다. 그러나 현재까지 재판 과정에서 드러난 증거들을 종합할 때 한 가지는 분명해 보입니다. 2000년대 초만 해도 구글은 나쁜 짓을 하지 않고도 돈을 벌 수 있다는 걸 보여 주자며 "사악해지지 말자(Don't be evil)"는 모토를 기업 가치로 삼았었죠. 지금 구글은 그때 그 회사가 아닙니다.

피처

단편 소설처럼 잘 읽히는 피처 라이팅을 소개한다. 기사 한 편이 단편 소설 분량이다. 깊이 있는 정보 습득이 가능하다. 내러티브가 풍성해 읽는 재미가 있다. 정치와 경제부터 패션과 테크까지 고유한 관점과 통찰을 전달한다.

마음 챙김은 구글, 페이스북, 애플 같은 기업이 열광하는
명상법이다. 내면을 들여다보고, 현재에 집중해 스트레스를
감소시키는 법을 소개해 큰 인기를 얻었다. '마음 챙김
혁명'이라는 표현이 쓰이기도 한다. 마음 챙김은 정말 우리를
구원할 수 있을까? 저자는 마음 챙김이 세상을 바꾸기보다는
제자리에 머무르게 한다고 지적한다. 마음 챙김을 연습할수록
고통을 해소하는 것은 개인의 몫이 되고, 사회적인 원인이나
정치 경제 구조는 가려진다. 개인은 상황을 있는 그대로
받아들이고, 스스로를 관리하면서 신자유주의 사회에
적응하는 법을 배우게 된다.

저자 로널드 퍼서(Ronald Purser)는 샌프란시스코 주립 대학
경영학과 교수다. 미국 캘리포니아주 버클리에 있는 티벳
나이잉마 연구소에서 불교 교육을 받았고, 한국 태고종의
승인을 받은 불교 강사이기도 하다.

역자 이재연은 2006년부터 서울신문 기자로 일하고 있다.
정치부, 사회부, 국제부, 산업부 등을 거쳤으며 주로 국회,
정당을 담당했다.

마음 챙김 명상은 행동주의의 적?

마음 챙김(Mindfulness)은 오프라 윈프리(Oprah Winfrey)와 골디 혼(Goldie Hawn) 같은 유명 인사들의 지지를 받으며 주류로 부상했다. 명상 코치, 승려, 신경 과학자들은 CEO들에게 조언을 해주기 위해 다보스 포럼에 참석하고, 마음 챙김 운동의 설립자들은 전도사 역할을 하고 있다. MBSR(마음 챙김에 기반한 스트레스 감소·Mindfulness-Based Stress Reduction)의 발명가인 존 카바트-진(John Kabat-Zinn)의 야망은 단순히 스트레스를 극복하는 것 이상이다. 그는 과학과 명상 기법의 결합인 마음 챙김이 세계를 부흥시킬 잠재력을 갖고 있다고 예언했다. '앞으로 몇백 년 동안 인류와 지구에 부흥의 시기를 약속할 수 있는 건 마음 챙김뿐'이라는 주장이다.

그렇다면 이 만병통치약은 정확히 무엇인가? 2014년 《타임》은 '마음 혁명(Mindful Revolution)'이라는 제목과 함께 젊은 금발 여성 모델을 표지에 실었다. 피처 기사는 MBSR을 가르치는 표준 코스의 대표적인 과정인 건포도를 아주 천천히 먹는 장면을 묘사했다. 저자는 '21세기에 살아남고 성공하기 위한 핵심 능력과 관련되어 있다면, 몇 분 동안

하나의 선모노에만 십중하는 것은 바보 같은 일이 아니냐'고
설명한다.

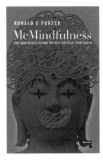

저자 로널드 퍼서의 책 《McMindfulness: How Mindfulness Became the
New Capitalist Spirituality》. 〈마음 챙김 음모〉는 이 책을 개작한 글이다.
사진: amazon

하지만 부당한 사회에서 변화를 시도하지 않는데도 성공을
가져다주는 수단은 혁명적이라고 할 수 없다. 이런 수단은
단기적인 대처를 도울 뿐이다. 사실은 상황을 악화시킬
수도 있다. 마음 챙김은 급진적인 행동을 장려하지 않는다.
고통의 원인은 우리가 살아가는 방식을 만든 정치, 경제
체계가 아니라 우리 내부에 불균형하게 존재한다고 말한다.
마음 챙김의 추종자들은 판단을 내리지 않고 현재의 순간에
집중하는 것이 전 세계를 바꿀 혁명적인 힘을 갖고 있다고

믿는다. 이는 지나친 마술적 사고라고 할 수 있다.

마음 챙김 수련을 하는 일에는 분명히 어떤 가치가 있다. 정신적인 반추는 스트레스는 물론, 만성적인 불안과 다른 질병을 완화하는 데 도움이 된다. 반사적인 반응에 대해 잘 알게 되면, 더 차분하고 친절한 사람이 될 수 있다. 마음 챙김을 주창하는 사람들 대부분은 좋은 사람들이다. 마음 챙김 운동의 리더를 포함해 여러 명을 개인적으로 만났을 때도 나는 그들의 올바른 의도를 전혀 의심하지 않았다. 하지만 그것이 쟁점은 아니다. 문제는 그들이 판매하고 있는 상품과 그 상품이 포장된 방식이다. 마음 챙김은 기본적인 집중 훈련일 뿐이다. 불교에서 유래됐음에도 불구하고, 마음 챙김의 과정에서 동반되는 윤리적인 가르침은 사라졌다. 다른 존재에 대한 연민을 기르고 거짓된 자아 감각에 대한 애착을 없앤다는 해방적인 목적 역시 없어졌다.

남은 것은 자립으로 위장한 자기 훈련 방법이다. 이 방법은 사람들을 해방시키는 대신, 문제를 일으킨 바로 그 상황에 적응하는 것을 돕는다. 정말 혁명적인 운동이라면 고장 난 시스템을 뒤엎으려 할 것이다. 하지만 마음 챙김은 파괴적인 상황을 일으키는 논리를 강화하는 역할을 할 뿐이다. 지난 수십 년 동안 은밀하게 확산되어 온 신자유주의 질서는

기업의 부를 추구하면서 불평등을 키웠다. 사람들은
신자유주의 모델의 요구에 적응해야 했다. 스트레스는
병리화되고 사유화되었으며, 이를 관리하는 부담도 개인에게
아웃소싱되었다. 마음 챙김의 장사꾼들이 사람들의
하루하루를 구하는 데에 개입하는 이유다.

그렇다고 해서 마음 챙김이 금지되어야 한다는 것은 아니다.
마음 챙김을 유용하게 생각하는 사람들이 모두 착각하고
있다는 것도 아니다. 고통을 줄이는 것은 숭고한 목표이고,
장려할 만하다. 하지만 정말로 고통을 줄이기 위해서는, 마음
챙김을 가르치는 사람들이 개인의 스트레스에 사회적 원인이
있다는 것을 인정할 필요가 있다. 집단적인 고통을 고려하지
않고, 이를 개선하기 위한 시스템 변화를 꾀하지 않음으로써
마음 챙김은 원래 가지고 있던 혁명적인 잠재력을 잃고
개인에게만 집중하는 진부한 것으로 전락했다.

마음 챙김 운동의 핵심 메시지는 불만과 고통의 근본적인
원인은 우리 머릿속에 있다는 것이다. 매 순간 실제로
일어나는 일에 주의를 기울이지 않으면, 우리는 과거에 대한
후회와 미래에 대한 두려움에 빠져 길을 잃는다. 그리고
불행해진다. 현대 마음 챙김의 아버지라고 불리는 카바트-
진은 이것을 '생각하는 질병'이라고 부른다. 그리고 집중하는

법을 배우면 순환적인 사고에 덜 빠질 수 있다고 말한다.
카바트-진은 우리 '사회 전체가 오랫동안 주의력 결핍
장애(ADD)를 앓고 있다'고 진단한다. 문화적 불안의 다른
원인은 논의하지 않는다.

현대 마음 챙김의 아버지라고 불리는 존 카바트-진. 사진: Sarah Lee

그의 저서 《우리의 감각에 임함: 마음 챙김을 통해 우리
자신과 세계를 치유하기(Coming to Our Senses: Healing
Ourselves and the World Through Mindfulness)》에서
'capitalist(자본주의자)'라는 단어는 "우리는 모두 일종의
ADD에 고통받고 있다"고 말하는 스트레스 많은 투자자의
일화에서 한 번 언급될 뿐이다.

미음 챙김의 지지지들은 무의식적으로 힌싱 유지를 돕고
있다. 구글, 페이스북, 트위터, 애플 같은 기업들이 사람들의
관심을 어떻게 다루고 화폐처럼 쓰는지 논의하는 대신, 우리
마음속에서 위기를 찾아낸다. 여기서 자본주의 체제의 특성은
본질적인 문제가 아니다. 불안정한 경제 상황에서 개인이
주의력과 회복력을 잃는 것이 문제다. 이런 주장을 한 다음,
사람들에게 삶에 만족하면서 주의 깊은 자본가가 되는 방법을
판매한다.

마음 챙김을 연습하면 타락한 외부의 영향에 방해받지 않고,
'순수한 인식' 속에서 개인의 자유를 찾을 수 있다. 해야 할
일은 그저 눈을 감고 호흡을 관찰하는 것이다. 이것이 바로
혁명의 핵심이다. 한 명씩 마음 챙김을 하면서 세상은 천천히
바뀐다. 이 정치 철학은 이상하게도 조지 W. 부시(George
W. Bush)의 '자비로운 보수주의'를 연상시킨다. 사적인
영역으로 후퇴한 마음 챙김은 자아의 종교가 된다. 공공
영역에 대한 관념은 침식되고, 연민의 낙수 효과는 우연에
의해서 발생한다. 그 결과는 정치 이론가 웬디 브라운(Wendy
Brown)의 지적과 같다. '정치 주체는 주체가 되기를 거부한다.
주체가 되기보다는 개별적인 기업가와 소비자 집단이
되었다.'

긍정 심리학, 행복 산업처럼 마음 챙김은 스트레스를
탈정치화했다. 실업으로 건강 보험을 잃거나, 자녀들이
학자금 대출로 큰 빚을 지게 되는 것을 보면서 불행하다면,
마음을 더욱 주의 깊게 들여다볼 필요가 있는 것이다. 카바트-
진은 '행복은 내면의 일'이라고 말한다. 현재의 순간에
판단을 개입시키지 말고, 단순하게 의도적으로, 마음 깊이
집중하라고 요구한다. 명상 실천을 이야기하는 신경 과학자
리처드 데이비슨(Richard Davidson)은 명상이 체육관에서
이두근을 단련하듯이 훈련할 수 있는 기술이라고 주장한다.
소위 마음 챙김 혁명은 시장의 지시를 순순히 받아들인다.
개인의 정신적, 정서적 회복 탄력성을 높이는 치료적
윤리의 지도하에 신자유주의적인 가설을 지지하는 것이다.
모든 사람이 자유롭게 반응을 선택하고, 부정적인 감정을
관리하고, 다양한 방식으로 자기를 돌봄으로써 '번영'할
수 있다는 가설 말이다. 상품을 이런 식으로 꾸며 내면서
대부분의 마음 챙김 교사들은 자본주의 사회의 권력 및 경제
구조 속 고통의 원인을 비판적으로 분석하는 커리큘럼을
배제한다.

'맥마인드풀니스(McMindfulness)'는 불교 교사이자
심리 치료사인 마일스 닐(Miles Neale)이 만든 용어다.
그는 이 용어의 뜻을 '즉각적인 효과가 있지만 장기간
유지는 불가능한 영적 수행의 광란'이라고 설명했다.
현대의 마음 챙김 유행은 기업으로 치면 맥도날드와 같다.
맥도날드 설립자인 레이 크록(Ray Kroc)은 패스트푸드
산업을 창안했다. 밀크셰이크 기계를 판매할 때, 크록은
캘리포니아주 샌 버나디노(San Bernadino)에 있는 레스토랑
체인을 보고 프랜차이즈화할 만한 잠재력이 있다고 생각했고,
맥도날드 형제의 사업에 프랜차이즈 에이전트 역할을
하기로 계약했다. 얼마 후 그는 맥도날드를 인수했고, 글로벌
제국으로 키웠다. 한편 헌신적인 명상가인 카바트-진은
수행에 대한 비전을 갖고 있었다. 불교의 가르침과 수련법을
도입해 병원의 환자들이 물리적 고통, 스트레스, 불안에
대응하도록 한 것이다. 마음 챙김을 세속적인 영성으로
브랜딩한 것은 절묘한 선택이었다.
크록은 자동화와 표준화, 규율을 통해 바쁜 미국인에게
음식을 빠르게 제공하는 데에서 가능성을 보았다. 카바트-

진은 표준화된 커리큘럼을 개발해 스트레스 받는 미국인에게 8주 코스의 스트레스 감소 마음 챙김 교육을 제공하고, MBSR에 쉽게 접근할 수 있도록 하는 데에서 가능성을 찾았다. MBSR 교사들은 매사추세츠주 우스터(Worcester)에 있는 카바트-진의 마음 챙김 센터 프로그램에 참석하고 인증을 받는다. 그는 기업, 학교, 정부, 군대 등 새로운 시장을 발견하고, '마음 챙김 기반 개입(MBIs·mindfulness-based interventions)'의 다른 형태를 승인하면서 MBSR의 범위를 계속 확장했다.

크록과 카바트-진 두 사람 모두 전국 프랜차이즈 매장에서 제품의 품질이나 내용이 달라지지 않도록 조치를 취했다. 맥도날드 햄버거와 감자튀김은 두바이에서 먹든 아이오와주 더뷰크(Dubuque)에서 먹든 동일하다. 마찬가지로 전 세계적으로 MBSR 과정의 내용과 구성, 커리큘럼에는 차이가 거의 없다.

마음 챙김은 너무 많이 팔리는 상품이 되면서 도구적인 목적을 달성하는 데 필요한 기술로 전락했다. 도심에 사는 아이들이 조용한 진정의 시간을 갖도록 하거나, 헤지 펀드 거래자들에게 정신적인 우위를 제공하거나, 군사 무인기 조종사들의 스트레스를 줄여 주는 기술 말이다. 마음 챙김의

상품화는 시상 성신을 바탕으로 하고 있다. 도덕적인 잣대나
윤리적인 책무를 결여한 채로, 사회적인 공익의 시각에서도
벗어난 채로 말이다.

이런 현상은 지지자들이 마음 챙김을 비정치적이라고 믿고
있는데다 마음 챙김 자체가 도덕적 탐구, 사회적 선에 대한
고려를 회피하고 있기 때문에 발생했다. 마음 챙김은 수련을
통해서, 선생님의 부드러운 말과 친절함을 습득함으로써,
혹은 우연한 자기 발견을 통해 '자연스럽게' 윤리적인 행동이
나온다고 쉽게 가정한다. 하지만 '판단하지 않고 현재에
주의를 기울이면' 중요한 윤리적 변화가 따라올 것이라는
주장에는 분명히 결함이 있다. '판단하지 않는 인식'을
강조하는 것은 도덕적 지능을 쉽게 무력화할 수 있다.
《영성 판매: 조용한 종교 탈취(Selling Spirituality: The Silent
Takeover of Religion)》에서 제레미 카렛(Jeremy Carrette)과
리처드 킹(Richard King)은 18세기 이후 아시아의 지혜가
식민화되고 상품화되면서 지배적인 문화의 가치를 완벽히
수용해, 생활 방식에서 실질적인 변화를 요구하지 않는
지극히 개인주의적인 영성이 생겨났다고 주장한다. 그런
개인주의적인 영성은 사유화라는 신자유주의 의제와 분명히
관련되어 있다. 특히 마음 챙김에서 사용되는 애매모호한

언어로 가려질 때는 더 그렇다. 시장 세력은 이미 마음 챙김 운동의 추진력을 이용하고 있다. 이들의 목표는 개인적인 영역을 확장하는 것으로 바뀌었다.

마음 챙김은 '고통을 초래하는 사회적, 정치적, 경제적 불평등에 도전하기보다는 개인 수준에서의 불안과 동요를 단순히 진정시키는 것'으로 쉽게 선택되고 축소된다고 카렛과 킹은 썼다. 그러나 이런 개인화되고 심리화된 마음 챙김에 헌신하는 일은 정치적이다. 치료를 통해 개인을 '정신적으로 건강하고', 주의 깊고 탄력성 있는 사람들로 최적화시켜서 시스템 내에서 계속 제 기능을 하도록 만드는 것이다. 이는 혁명과 거리가 멀어 보인다. 오히려 가장 조용한 항복에 가깝다고 할 수 있다.

마음 챙김은 자본주의의 나쁜 영향에 대처할 수 있는 힘으로 자리 잡았다. 그러나 마음 챙김의 가르침은 시장에 쉽게 동화된다. 원래 존재하던 사회적, 정치적 변혁의 잠재력은 무력해진다. 마음 챙김 운동의 지도자는 자본주의와 영성이 조화를 이룰 수 있다고 믿는다. 원인을 깊고 광범위하게 들여다볼 필요 없이 개인의 스트레스를 해소하고자 하는 것이다.

정말로 혁명적인 마음 챙김이라면 윤리적 행위와 상관없는

서구적인 행복의 조건에 도전할 것이다. 그러니 마음 챙김
프로그램은 경영진에게 그들의 경영상 결정과 기업 정책이
어떻게 탐욕과 나쁜 의지, 망상을 제도화했는지 살펴보도록
요구하지 않는다. 대신, 일주일에 80시간씩 일하면서
스트레스를 줄이고 생산성과 집중을 향상시키고, 잘 회복하는
방법으로서의 마음 챙김 연습이 임원들에게 판매되고 있다.
그들은 분명 '명상'을 하겠지만, 이는 두통을 치료하려고
아스피린을 복용하는 것과 같다. 고통이 사라지면, 평소처럼
일할 것이다. 각 개인이 더 좋은 사람들이 되더라도 이익을
극대화하려는 기업의 의제는 변하지 않는다.

애초에 마음 챙김이 스트레스를 유발하는 나쁜 조건에
대응하는 데 도움이 된다면, 더 높은 목표를 세울 수도 있다.
마음 챙김이라는 왜곡이 스스로를 자동적으로 착취하는
데 도움이 된다는 사실에 기뻐해야 할까? 이것이 문제의
핵심이다. 마음 챙김 연습을 위한 집중을 내면화하는 것은
기업의 요구나 사회의 지배 구조를 내면화하는 것으로까지
이어진다. 최악의 경우, 이런 순종적인 입장이 자유로
포장되기도 한다. 실제로 마음 챙김은 자유에 대해 모호한
말을 하는 데 능하다. 시민으로서의 책임이나 협력적이고
정의로운 사회에서 진짜 자유를 찾기 위해 집단적인

마음가짐을 함양하는 데에는 주의를 기울이지 않으면서 자기중심적인 '자유'를 찬양하곤 한다.

스트레스를 감소시키고 개인의 행복과 삶의 질을 높이는 방법은 불공정과 불평등, 환경 파괴에 대한 심각한 질문보다 훨씬 판매하기 쉽다. 후자는 사회 질서에 대한 도전을 수반하지만, 전자는 사람들의 집중을 돕고, 일과 시험에서 더 나은 성과를 내게 하며, 심지어는 성생활을 개선하는 등 마음 챙김의 우선순위와 직접 연관되어 있다. 마음 챙김은 새로운 심리 치료 기술로 포장되었고, 자기 관리(self-help)라는 말로 판매되고 있다. 이런 브랜딩은 영적 수행이 개인의 사적인 관심사라는 생각을 강화한다. 그리고 일단 사적인 것이 되고 나면, 영적 수행은 쉽게 사회·경제·정치적 통제 목적으로 이용된다.

마음 챙김은 개인과 조직이 욕심과 악감정, 망상의 뿌리를 자각하게 만들기보다는, 그 뿌리를 오히려 강화할 수 있는 진부하고 치료적인 자기 관리 기법으로 모양새를 바꿨다.

개인의 노력의 산물이 된 행복과 자유, 복지

마음 챙김은 40억 달러(4조 7600억 원) 규모의 산업이라고 한나. 아마존에서는 제목에 '마음 챙김'이 들어간 책이 6만 권이상 판매되고 있다. 몇 가지만 이름을 나열해 보면, 마음 챙김양육, 마음 챙김 식사, 마음 챙김 교육, 마음 챙김 치료, 마음챙김 리더십, 마음 챙김 금융, 마음 챙김 국가, 그리고 강아지주인을 위한 마음 챙김 등의 장점을 설명하는 책들이다. 마음챙김 컬러링 북은 그 자체로 베스트셀러 장르다. 책뿐만아니라 워크숍, 온라인 강의, 고급 잡지, 다큐멘터리 영화,스마트폰 애플리케이션, 종, 쿠션, 팔찌, 뷰티 상품이나 다른용품들도 있다. 수익성이 좋고 급성장하고 있는 콘퍼런스순회강연도 당연히 있다. 마음 챙김 프로그램은 학교,월스트리트와 실리콘밸리의 기업, 로펌, 미군을 포함한 정부기관에 진출했다.

마음 챙김은 시장 친화적인 일시적 처방으로서 제공된다.마음 챙김이 대중문화에서 환영받는 이유다. 마음 챙김은일터에서의 마음가짐에 딱 들어맞는다. 마음 챙김이 가져오는유일한 변화는 무한 경쟁 속에 더 능숙한 사람들을 만드는것이다. 현대 사회의 신자유주의적 공감대는 권력과 부를누리는 사람들에게 자유를 줘서 더 많은 것을 축적해야한다는 것이다. 시장 논리를 수용한 마음 챙김의 판매자들이다보스 포럼의 CEO들에게 인기가 많은 것은 그다지 놀랄

일이 아니다. 다보스 포럼에서 카바트-진은 명상 수련을 경쟁
우위의 복음으로 전파하는 데에 전혀 거리낌이 없었다.

지난 수십 년 동안 신자유주의는 보수주의라는 뿌리를
뛰어넘는 수준으로 크게 성장했다. 대중적인 담론을
장악해 자칭 진보주의자인 카바트-진 같은 사람들도
신자유주의적인 용어로 생각을 표현할 정도다. 시장 가치는
인간 삶의 모든 면을 침범했고, 사람들이 세상을 어떻게
해석하고 살아야 하는지도 정의하고 강요해 왔다.

신자유주의에 대한 가장 직접적인 정의는 프랑스 사회학자
피에르 부르디외(Pierre Bourdieu)의 것이다. 그는
신자유주의를 '순수한 시장 논리를 방해할 수 있는 집합
구조를 파괴하는 계획'이라고 정의했다. 우리는 시장에
기반한 사회가 우리에게 '인적 자본'과 자신의 가치를 높일
수 있는 충분한 기회를 준다고 생각하도록 길들여졌다. 이
사회에서 개인의 자유와 잠재력을 완전히 실현하기 위해서는
내적 자원을 잘 관리해서 자신의 복지와 자유, 행복을
극대화해야만 한다.

경쟁이 핵심인 신자유주의 이데올로기는 사회가 어떻게
운영될지에 관한 결정은 시장의 작동에 맡겨야 한다고
주장한다. 서로 경쟁하는 사람들이 자신의 이익을

극내화하도록 만드는 것이 가장 효율적인 메커니즘이기 때문이다. 국가, 자발적 결사체 같은 다른 사회적 행위자는 시장 논리가 원활하게 운영되는 것을 방해할 뿐이다. 신자유주의 사회의 행위자에게 마음 챙김은 길러야 할 기술이자 사용해야 하는 자원이다. 마음 챙김을 마스터하면 자본주의 바다의 까다로운 해류를 항해하는 데에 도움을 받을 수 있다. 경쟁에서 오는 피할 수 없는 스트레스와 불안에 대응하기 위해 '현재에 집중하고 판단하지 않는' 데에 집중해야 한다. 마음 챙김은 개인의 행복을 극대화하는 데 도움을 준다.

이 모든 것들은 더 편안하게 잠드는 데에는 도움이 된다. 하지만 사회적으로는 심각한 결과가 잠재되어 있다. 슬로베니아 철학자인 슬라보예 지젝은 이런 경향을 분석했다. 그에 따르면, 마음 챙김은 사람들이 온전한 정신 건강을 유지하면서 자본주의적 역동성에 완벽히 참여하도록 함으로써 세계 자본주의의 헤게모니적 이데올로기로서의 위상을 확립하고 있다.

마음 챙김은 자본주의 문화의 사회 구조와 물질적 조건에 대한 관심을 쉽게 다른 곳으로 돌린다. 셀러브리티나 롤모델은 마음 챙김을 신성히 여기고 지지한다. 구글,

페이스북, 트위터, 애플, 징가 같은 캘리포니아 기업들은
이를 일종의 보조 브랜드로 받아들였다. 구글의 사내 마음
챙김 전문가였던 차드-멩 탄(Chade-Meng Tan)은 실제로
'참 좋은 친구(Jolly Good Fellow)'라는 직책을 갖고 있었다.
"당신의 내면을 들여다보세요." 그는 동료와 독자들에게
이렇게 조언한다. 기업의 문화가 아니라, 마음속에 문제의
원인이 있다는 것이다.

'자제력', '탄력성', '행복'이라는 수식어는 개인의 안녕이
단순히 기술 개발에 달려 있다고 가정한다. 마음 챙김을
지지하는 사람들은 근육을 단련하는 것처럼 뇌를 단련해
행복해질 수 있다는 비유를 특히 좋아한다. 행복과 자유,
복지는 개인의 노력의 산물이 되었다. 외부적인 요인이나
관계, 사회적 조건에 관계없이 소위 '기술'을 개발할 수
있다. 이러한 치료적인 담론하에서, 마음 챙김은 개인이
겪는 문제를 선택의 결과로 교묘하게 재구성한다. 개인적인
문제는 정치적이나 사회 경제적인 조건의 탓이 아니며,
완전히 심리적인 것이고, 병리학적으로 진단할 수 있는
문제다. 따라서 사회에는 급진적인 변화가 아니라 치료가
필요하다. 마음 챙김 운동이 정부 정책 입안자들에게 그토록
매력적이었던 이유다. 불평등, 인종 차별주의, 빈곤, 중독과

정신 건강 악화에 기인한 사회적 문제는 개인 심리학
측면에서 재구성되면서 치료적인 도움을 필요로 하게 된다.
심지어 마음 챙김은 이런 치료를 개인 스스로 제공할 수
있다고 이야기한다.

상황을 받아들이는 쪽으로 마음을 바꾸라는 요구

신자유주의는 세계를 승자와 패자로 나눈다. 모든 사회
현상을 개별화하는 핵심적인 이념을 통해서다. 자율적이고
자유로운 개인이 사회의 주요 초점이기 때문에, 사회적
변화는 정치적 저항이나 조직화된 집단행동을 통해서가
아니라 자유 시장과 개인들의 원자화된 행동을 통해서
이루어진다. 집단적인 조직을 통해 이를 변화시키려는 노력은
신자유주의 질서에 걸맺거리이기 때문에 제지낭한다.
재활용 실천은 이를 분명히 보여 주는 사례다. 진짜 문제는
기업의 플라스틱 대량 생산과 소매 기업들의 과다 사용이다.
그러나 소비자들은 개인적인 낭비가 근본적인 문제라고
믿게 된다. 습관을 바꾸면 해결될 수 있는 문제라고 말이다.
《사이언티픽 아메리칸》의 최근 기사는 '지구를 구하기
위해 플라스틱을 재활용하는 것은 무너지는 고층 빌딩을

막기 위해 못을 박는 것과 같다'고 지적한다. 그런데도
신자유주의의 개인 책임 원칙은 우리를 진짜 범인에게서
멀어지게 하는 교묘한 속임수를 구사한다. 이것이 새로운
현상은 아니다. 1950년대, '미국을 아름답게(Keep America
Beautiful)' 캠페인은 개인의 쓰레기 줍기 운동을 독려했다.
코카콜라, 앤호이저-부시, 필립 모리스 같은 회사가 후원하고
공익 광고 제작사인 광고 협의회(Ad Council)가 제작한
프로젝트였다. 이 캠페인은 범법자들이 수치심을 느끼도록
'쓰레기 투기꾼(litterbug)'이라는 용어를 만들어 냈다. 20년이
지난 뒤, 잘 알려진 TV 광고에는 미국 원주민이 쓰레기를
버리는 자동차 운전자를 보고 우는 장면이 등장한다.
슬로건은 '오염을 시작한 것은 사람입니다. 막을 수 있는 것도
사람입니다'였다. 《사이언티픽 아메리칸》의 기사는 이런
속임수를 꿰뚫어 보고 있다.

재활용을 독려하는 캠페인은 겉으로는 자애로워 보이지만,
진짜 문제를 모호하게 만든다. 플라스틱 문제에 기업이
얼마나 큰 원인을 제공하는지는 보이지 않게 된다.
저널리스트이자 작가인 헤더 로저스(Heather Rogers)는
이처럼 영리하게 오판을 일으킨 '미국을 아름답게' 캠페인이
최초의 기업 그린워싱(greenwashing) 사례라고 말한다.

대중의 관심을 소비자의 재활용 운동으로 유인하면서, 폐기물 관리에 대한 기업의 책임을 규정한 입법을 저지했기 때문이다.

똑같은 메시지는 반복적으로 팔려 나간다. 개인의 행동만이 사회 문제를 해결할 수 있는 유일한 방법이고, 그렇기 때문에 책임감을 가져야 한다는 메시지다. 우리는 교육학자 헨리 지루(Henry Giroux)가 '상상력을 없애는 기계'라고 불렀던 신자유주의적 최면에 빠져 있다. 이 최면은 우리의 비판적이고 급진적인 사고를 억압한다. 내면을 들여다보고, 자신을 관리할 것을 권고한다. 상상력을 억압해 새로운 가능성에 대한 창의적인 아이디어를 떠올리지 못하게 만든다. 우리는 자본주의를 해체하거나 과잉된 자본주의에 제동을 가할 방법을 찾는 대신, 자본주의의 요구를 받아들이고 시장에서 효율적인 역할을 하기 위해 자신을 훈련해야 한다. 우리는 세상을 바꾸고 싶다면 자신에게 더 집중하라고 요구받고 있다. 더 주의를 기울이면서, 판단을 피하고, 상황은 받아들이는 쪽으로 마음을 바꾸라는 것이다.

사람들이 겪는 문제의 원인을 머릿속에서 찾을 수 있다는 것이 신자유주의적 마음 챙김의 근본 교리다. 스트레스의 병리화와 의학화, 마음 챙김이라는 형태의 치료와 전문적인 처치가 필요하다는 주장은 그 믿음을 강화했다. 고통을 유발하는 상황을 바꿀 수 없다면, 상황에 대한 반응을 바꿀 수 있다는 것은 이념적인 메시지다. 우리가 통제할 수 있는 것이 많지 않기 때문에, 어떤 방식으로는 이것이 도움이 될 수 있다. 하지만 상황을 바꾸기 위한 모든 노력을 포기하는 것은 과도하다. 마음 챙김은 부당하거나, 문화적으로 부적절하거나, 환경 파괴적일 수 있는 것에 대한 비판과 토론을 허용하지 않는다. '판단을 내리지 않고, 현재 순간을 인식'하는 연습을 하면서 상황을 '있는 그대로 받아들이라'는 마음 챙김의 명령은 사회적 마취제로 작용해 현상을 유지한다.

마음 챙김 운동의 '인간 번영'에 대한 약속은 사회 변화의 비전을 정의하는 것에 가깝다. 그러나 비전은 개별화된 채로 남아 있고, 자신에 집중하는 개인의 선택에 의존한다. 물론 마음 챙김을 실제로 하는 사람들은 신자유주의와 매우 다른 정치적 의제를 갖고 있을 수 있다. 하지만 위험한 것은 마음 챙김이 사람들을 사적 세계와 특정한 정체성으로 물러나게 한다는 것이다. 이는 정확히 신자유주의 권력 구조가 원하는 일이기도 하다.

마음 챙김 관행은 제니퍼 실바(Jennifer Silva)가 지적한

'기분(mood) 경제'에 뿌리내리고 있다.《커밍 업 쇼트: 불확실성 시대의 노동 계급 성인기(Coming Up Short: Working-Class Adulthood in an Age of Uncertainty)》에서 실바는 기분 경제가 위험의 민영화처럼 '정서적 운명에 전적으로 책임이 있는 개인'을 만든다고 설명한다. 이러한 감정의 정치 경제학 속에서, 감정은 개인의 '정서 자본'을 향상시키는 수단으로 규율된다. 구글의 마음 챙김 프로그램 '당신 안을 탐색하라(Search Inside Yourself)'의 커리큘럼은 감성 지능(EI)을 중요하게 다룬다. 이 프로그램은 구글 엔지니어들의 직업적인 성공에 도움이 된다고 강조하고 있다. 마음 챙김 수련에 참여하고 감정을 관리하면 경제적 잉여 가치가 창출된다. 이는 자본을 획득하는 것과 같다. 기분 경제는 좌절에서 회복하는 능력도 요구한다. 불안정한 경제적 맥락 속에서 생산성을 유지하기 위해서다. 긍정 심리학과 마찬가지로 마음 챙김 운동은 '행복의 과학'과 합쳐졌다. 이런 식으로 포장되고 나면, 마음 챙김은 개인의 삶에 도움이 되는 최적화 기술로서 판매될 수 있다. 개인을 사회 세계에서 떨어뜨려 놓으면서 말이다.

마음 챙김의 약속들은 시카고 대학의 문화 이론가 로렌 버란트(Lauren Berlant)가 신자유주의의 특성으로 정의하는 '잔인한 낙관론'과 공명한다. 환상과 마찬가지인 것에 감정적으로 투자하는 일은 잔인하다. 마음 챙김은 우리에게 명상을 연습하고 개인의 삶을 정돈하면 행복하고 안전할 수 있다고 말한다. 안정적인 고용, 주택 소유, 사회적 이동성, 경력 성공과 평등이 자연스럽게 이어지리라는 것도 암시한다. 마음 챙김은 자제력을 갖고 마음과 감정을 통제하면 예측 불허의 자본주의 속에서도 성공하고 번영할 수 있다고 우리에게 약속한다.《마음 챙김 계산(Mindful Calculations)》의 저자 조슈아 아이젠(Joshua Eisen)은 이렇게 지적한다. '케일, 아사이 베리, 체육관 회원권, 비타민 워터, 새해 다짐처럼, 마음 챙김은 변화에 대한 엄청난 열망의 지표이지만 결국 자기 관리와 자율성에 대한 신자유주의적 환상을 전제로 하고 있다.' 우리는 자신의 숨소리를 들으면서 침묵 속에 앉아 기다려야 할 뿐이다. '좋은 삶'에 대한 규범적인 환상이 신자유주의하에서 무너지고 있는 상황에서 이런 환상을 심어 주는 일은 훨씬 더 잔인하다. 우리가 개별적으로 각자의 감정에 집중하면 상황은 오히려 더 악화된다. 모두가 공유하는 취약함과 사람들 사이의 상호 의존성을 인식하지 못하면 우리를 보호하기 위한 집단적인 방법을 생각할 수 없게 된다. 환상을 키우는 것은 공허한 일이지만, 사람들은 그 환상에 계속해서 매달리게 된다.

마음 챙김 자체는 잔혹하지 않다. 물신화되고, 부풀린 약속을 할 때만 잔혹하다. 버란트가 지적했듯, 우리가 '애착을 갖게 된 수단은 애초의 목적을 추구하는 것을 강하게 방해한다.' 변혁의 언어를 사용하면서 현상 유지를 돕는 데에 마음 챙김의 잔혹함이 있다. 신자유주의적인 마음 챙김은 상황을 있는 그대로 받아들이고, 자본주의의 황폐함을 마음 깊이 인내하도록 유도한다. 인류의 번영에 대한 개인주의적인 시각을 조장하는 방식이라고 할 수 있다.

마치며

운동과는 인연이 없는 삶인 줄 알았다. 그런데 몸을 움직이니 막혔던 일이 풀리고 엉켰던 감정이 단순해지는 경험을 하고야 말았다. 그래서 조금씩 달리고 있다. 마침 달리는 사람들이 늘어나고 있어 유별난 취미인으로 취급받지 않고 느리게, 종종 달리고 있다. 이렇게 달리다 보니 일상의 풍경을 얻게 되었다. 내가 들여다보는 세계는 너무나 치열하고 빠르게 변화하며 불행이 넘친다. 일이니 어쩔 수 없다 해도, 뉴스를 너무 열심히 보면 건강에 좋지 않은 법이다. 하지만 달리는 시간까지 뉴스가 따라붙는 일은 없다. 온 세계의 불행은 온데간데없고 그저 내 주변을 흘러 지나가는 건물, 사람, 소리가 있을 뿐이다. 이런 순간을, 이 소중한 순간을 〈마음 챙김 음모〉의 저자는 경계하고 의심하라고 조언한다. 이 얼마나 잔인한 이야기인가. 그러나 저자의 주장이 맞다는 것을, 우리는 알고 있다. 평화로운 달리기가 끝난 후, 《스레드》를 펼치는 이유다.